中国智慧

写给中学生的18堂

国学哲思课

胡立根◎著

中国大百科全书出版社　知识出版社

图书在版编目（CIP）数据

写给中学生的18堂国学哲思课 / 胡立根著. -- 北京：
知识出版社，2019.6
（中国智慧）
ISBN 978-7-5215-0049-3

Ⅰ．①写… Ⅱ．①胡… Ⅲ．①中华文化—中学—课外
读物 Ⅳ．①G634.303
中国版本图书馆CIP数据核字(2019)第171974号

写给中学生的18堂国学哲思课   胡立根 著

出 版 人	姜钦云	
出版统筹	张京涛	
产品经理	王云霞	
责任编辑	王云霞	
装帧设计	中外名人	
出版发行	知识出版社	
地 址	北京市西城区阜成门北大街17号	
邮 编	100037	
电 话	010-88390659	
印 刷	三河市人民印务有限公司	
开 本	710mm×1000mm 1/16	
印 张	14	
字 数	194千字	
版 次	2019年6月第1版	
印 次	2025年1月第4次印刷	
书 号	ISBN 978-7-5215-0049-3	

定 价 48.00元

今天我们怎样学国学？

国学的学习一般有三个层次。

国学学习的最低层次是蒙学，就是学习《三字经》《弟子规》《百家姓》《幼学琼林》之类。严格地说，这个层次的学习不能叫国学的学习，因为此阶段主要是识字教育，外加一些为人处世基本常识的认知，是人生文化的入门教育，所以叫蒙学，刚刚发蒙而已。但人们习惯上也将它叫作国学。

国学学习的最高层次是对中华传统学术体系的学习。这个层次的学习要求无疑很高，它要求修习者不仅能对整个国学知识的体系有较为整体的把握，以奠定深入研修的基础，还要将大量的国学原典装进自己的大脑，甚至要求全文背诵儒家的十三经、道家的主要经典及佛学的重要典籍。就像许多非物质文化遗产一样，国学也需要有人传承。国学的传承者要有深厚的学术素养和国学功底，能将整个中华传统的学术体系，乃至生僻的传统文化知识进行整理、研究、阐发、传承。很显然，这种传承，应该只是少数人或者一些专门人才做的事情。这是一种精英国学。

国学学习的中间层次是大众国学。就大众而言，大多数人并非中文专业或历史专业等方面的国学专门人才，尤其是就青少年群体的绝大多数人来说，他们并不是国学知识体系的传承者，不应该都走精英国学的道路。

但是，大众又的确应该懂点国学，因为国学承载的是中华民族的文化传统，蕴含着中华民族的精神特质。梁启超说得好："凡一国之能立于世界，必有其国民独具之特质……祖父传之，子孙继之，然后群乃结，国乃成。"

处于中间层面的大众国学，学什么？怎么学？尤其是对于广大青少年来说，怎么学国学？要回答这个问题，会有一连串的追问。

第一个追问是：作为非专业的大众，有多少时间和精力学习国学？

今天的社会是一个快节奏的社会，各种信息纷至沓来，应接不暇。大家忙工作，忙交际，忙着接受各种新信息、新技术，恐怕没有很多时间和耐性来阅读艰深繁难的大部头原典。至于中小学生，语、数、外、政、史、地、理、化、生，学习各科知识已经不堪重负，语文、英语学科中要求背诵的课文都还来不及背诵，哪有那么多时间来背诵整本深奥难懂的国学原典呢？更别说穿着唐装汉服去像老夫子那样老气横秋地"之乎者也"了。今天，已经不是"闲坐小窗读《周易》，不知春去几多时"的时代了。

所以，我们没有必要一股脑地将传统文化兼收并蓄，也没有太多时间花在传统文化的学习上，我们必须有选择地学。那么，怎么选择？选择什么？

这就有了第二个追问，作为非国学专业人士、非"非遗继承人"的大众，学习国学既然不是为了传承国学知识体系，那么目的到底是什么？大众学国学到底学什么？

作为一个民族的成员，一个国家的公民，的确需要适当了解一下本民族本国家的古代文化知识，学一点国学知识，以免数典忘祖。但是，大众学习国学知识，有几点值得注意：

第一，这种知识应是当今社会仍然适用的活的"国学知识"，而不是那些如"回"字的四种写法之类的冷僻知识。

第二，这种了解只是浅层次的学习，因为大众学习国学，了解的知识毕竟有限。

第三，也是最主要的，就是单纯学习国学知识绝不是大众学习国学的主要目的。任何古老国家和古老民族，在漫长的历史过程中都会形成许多具有本民族特色的知识，但这些知识大部分已经过时或者被淘汰，而那些没被淘汰的部分，大都已经融入现代知识体系之中了。现代学校教育就是以吸收传统文化知识之后的现代知识体系为课程背景，来教授系统的人文社科知识和自然科学知识，这里面已包含了历史知识和古典文学知识。这样，就没有必要在现代课程体系之外，再花很大精力去学习大量的古老知识了。

既然如此，普通民众、广大青少年学生为什么还要学习传统文化呢？国家在修改课程标准的时候，为什么还要特别强调传统文化的继承？这种继承，到底是继承什么？

其实，在任何民族，多数人学习本国的传统文化时，要学习和传承的不是传统文化中那些具体的知识，也不是某一部具体的经典，而应该是本民族的文化精神和文化智慧，也就是传统文化中那些对我们今天仍然有价值的思维方式、文化观念、价值观念、人文精神。它们是本民族优良的精神图式、思维图式和审美图式，是传统文化中充满正能量的文化基因。让传统文化中充满正能量的文化基因、文化精神融入大众的血液，落实到具体的行动中，这才是大众学习传统文化的意义所在。

所以，这种学习，不是要回到过去，而是要指向未来，让过去的学问和里面蕴含的精神为大众未来的人生服务，为未来的社会服务。大众国学，应该始终让大众立足于今天的时代，来吸取传统的精神。

这种学习是对精神价值的传承，不是对传统文化观念的机械照搬，也不是对传统文化中陈谷子烂芝麻的笼统吸收，更不是盯着其糟粕不放，这种精神价值传承更应该是一种"抽象继承"。

"抽象继承"是冯友兰先生在 20 世纪 50 年代提出的一种文化继承方法。事实证明，这种方法在文化精神传承上是非常有价值的，对大众国学的精神价值传承而言，更是如此。历史上的任何观念、思想，无论中西，都是在某种具体的历史土壤中产生的，不可避免带有历史的局限性。正如《吕氏春秋·察今》所言："凡先王之法，有要于时也。时不与法俱在，法虽今而在，犹若不可法。故释先王之成法，而法其所以为法。"

　　我们要学习的不是传统文化中那些现成的东西，而是它所体现的精神，而且可以在其中加上我们今人的合理理解。比如"天人合一"的观念，如果就其具体历史内涵而言，具有太多的比附和荒谬，有太多的封建迷信思想，但是如果我们别除其糟粕，提取其"人与自然和谐统一"的核心精神，不是很有价值吗？

　　这种抽象继承的办法，要求有人从大量的国学原典和国学历史中爬罗剔抉，提取我们民族优良的文化基因，即传统文化中充满正能量的精神"观念"，包括精神图式、思维图式和审美图式，然后进行通俗解说。

　　这自然就产生了第三个追问：中国传统文化中有这种优良的精神图式、思维图式和审美图式吗？或者说，中国传统文化对世界文明的贡献是什么？它的价值在哪里？在今天的文明建设和未来的世界建设中，中国传统文化的价值在哪里？换言之，国学对于世界，它体现了怎样的中国智慧？国学在今天，它体现了怎样的传统智慧？

　　近年来，我们潜心于传统文化的学习，发现中国传统文化或者说我们通常所说的"国学"，其实就是智慧之学。如果用一个字来概括西方的现代科技，那就是"智"，而用一个字来概括中国的"国学"，则是"慧"。我们的国学，是一种基于智商与情商又高于智商与情商的智慧之学。

　　我们在广泛阅读国学典籍的基础上，参考中外学者的国学研究成果，对传统文化进行梳理，从哲学思想、政治理念、修身之道、文化意识、人生智慧等维度，梳理传统文化的观念，从中提炼出我们民族传统文化观念的54个关键词，列表如下：

哲学思维与 政治智慧 （18个）	天人合一 直觉意会 明心见性 民为邦本 经世致用	和而不同 知行合一 系统思维 家国情怀 儒道互补	大道至简 立象尽意 格物致知 礼乐治国	辩证逻辑 模拟类比 仁者爱人 内圣外王
修身与处世 智慧 （18个）	自强不息 孝悌忠信 四为之志 返璞归真 达观圆融	厚德载物 浩然之气 君子之道 清静无为 心性工夫	修齐治平 民胞物与 有容乃大 因势利导	独善兼济 慎思明辨 刚柔并济 韬光养晦
文学艺术与 教育智慧 （18个）	因材施教 博观约取 虚室生白 文质彬彬 言志抒情	愤启悱发 道进乎技 须弥芥子 气韵风骨 诗性文化	教学相长 文以明道 大巧若拙 味外之旨	经学传统 春秋笔法 温柔敦厚 传神写意

我们认为，这些关键词代表的中华文化观念，是中华文明对世界智慧宝库贡献的精神图式、思维图式和审美图式，是先人留给我们治国理政、为人处世、修身养性的宝贵经验，对我们今天乃至未来的文明建设具有极其重要的指导价值。

为此，我们对这些关键词代表的中国智慧进行认真研究，深入研读这些概念涉及的主要国学原典，并对这些观念做了大致梳理，以这些观念为框架，构建起我们的国学教育体系。这种国学教育以国学观念为框架，引导学习者从国学观念入手，结合原典，理解中华民族的传统精神与智慧，所以我们把这种国学教育称为"观念国学"。

也许，我们提取的国学观念不一定全面，甚至不一定准确，这种方式也不一定是最好的方式，但我们想通过这种努力，试图直达本质，直指大众国学的根本任务——精神价值传承，从而让大众国学具有明确的方向性，具有明确的价值引领，让大众在学习国学时少走弯路；让大众对民族文化的精神价值有一个体系性的了解，不至于只见树木，不见森林；让大众在国学学习的过程中，充分感受到国学的价值和意义，由此引发进一步的学习兴趣；节约大众的学习时间，尤其对于中小学生来说，不会因为学习国学而过多地加重学习负担。同时，这是直接从国学观念入手的学习，有助于学习者由观念学习向观念践行的转变，并最终实现国学学习由"知识""原典""观念"的学习向知行合一的"实践国学"的转变。

胡立根

2019 年 5 月于深圳羊台山

目 录

中国智慧
写给中学生的18堂国学哲思课

第 1 课

天人合一：与自然相生相融的境界追求

天人合一，意思是自然与人是和谐统一的。此观念源于先秦，语出北宋张载《正蒙·东铭》："儒者则因明致诚，因诚致明，故天人合一，致学而可以成圣。"

庄周梦蝶，鱼乐可知

庄子在宋国蒙（今河南商丘）这个地方做漆园吏的时候，曾经做过一个很有名的梦。一天早上，他梦见自己变成了一只美丽的蝴蝶。在梦中，他完全不知道自己叫庄周，也不知道自己是人类，只觉得自己就是一只蝴蝶，看见到处是鲜花，自己在花丛中翩翩起舞，是那么自由，那么快乐，那么惬意！可是当他惊惶不定地醒来时，忽然觉得："不对呀，我是人类，我叫庄周，我怎么是只蝴蝶呢？"这时的庄周迷惑了："我到底是蝴蝶还是庄周呢？是蝴蝶变成了庄周还是庄周变成了蝴蝶呢？"对此，唐代的李商隐还写了一句诗："庄生晓梦迷蝴蝶，望帝春心托杜鹃。"

当然，庄周并不是真迷糊，他是想告诉我们，庄周和蝴蝶是没有绝对界限的，人和外物是可以同一的。

还有一次，庄子和朋友惠施在濠水（今安徽凤阳县境内）的一座桥上散步，他看着水里的鲦（tiáo）鱼游来游去，便对惠施说："你看鲦鱼在水里悠然自得，多么快乐啊。"惠施说："你又不是鱼，怎么知道鱼很快乐呢？"两个习惯了争执的朋友，这次当然又免不了一场争辩。庄子说："你不是我，你怎么知道我不知道鱼的快乐呢？"惠施说："我不是你，本来就不知道你；你本来就不是鱼，你当然也就不知道鱼的快乐。"

惠施无法理解庄子，因为在惠施看来，"我"和"你"是界限分明的，人和鱼也是无法相通

庄子像

中国智慧
写给中学生的18堂国学哲思课

的，可是在庄子看来，"天地与我并生，万物与我为一"，天人是合一的，天人是相通的，人和蝴蝶可以相通，人和鱼也可以相通，人怎么就不知道鱼的快乐呢？

庄子是"天人合一"思想的重要倡导者。当然，天人合一不是庄子的创造，在中国传统文化中，天人合一观念源远流长。

天人观念，源远流长

我们的先民对自然是非常敬畏的。比如《诗经·国风·鄘风》中有一首诗叫《蝃蝀》，这两个字读"dìdōng"，是彩虹的意思。诗中说"蝃蝀在东，莫之敢指"，就是说东边出现彩虹，没有人敢用手来指。因为古人认为虹的产生是由于阴阳不和、婚姻错乱，因而将它视作淫邪之气。

周宣王时，太师尹吉甫作《烝民》诗，诗中说："天生烝民，有物有则，民之秉彝，好是懿德。"意思是，老天生下我们这些人，既有形体又有法则。人的常性与生俱来，追求善美是人的天性。诗中认为，民众善良的德性来自天赋。

因为敬畏自然，所以倡导顺应自然，即孟子所谓"天时地利"。《礼记·月令》篇，曾详细阐述一年十二个月每个月的日月星辰变化、物候特征，并由此引申出人们在这个月应当做什么、不应当做什么，等等。在先民看来，人，包括帝王在内，并不是绝对自由的，都应遵循自然，政令应以自然规律为依据，应有益于生产正常进行和发展，不能站在它的对立面去破坏它。

《左传》中也有许多天人合一观念的论述。鲁昭公二十五年，子大叔见赵简子时说道："天地之经，而民实则之。"则，就是效法的意思。他认为："为父子、兄弟、姑姊、甥舅、昏媾、姻亚，以象天明；为政事、庸力、行务，以从四时；为刑罚、威狱，使民畏忌，以类其震曜杀戮；为温慈、惠和，以效天之生殖长育。"就是说，百姓应效法天地的规范；制订君臣上下的关系，以效法大地的准则；制订夫妇内外的关系，以规范两种事物；制订父子、兄弟等关系，是象征上天的英明；制订政策政令、农工管理、行动措施，以随顺四时；制订刑罚、设牢狱，让百姓害怕，以模仿雷电的杀伤力；制订温和慈祥的措施，以效法上天的生长万物。

到了老子，就形成了比较系统的天人合一思想。

老子认为，天道同源，天人同源。所谓道生一，一生二，二生三，三生万物。在老子看来，天地万物和人，一切皆生于道。这"道"就是自然之道。天人同法。老子认为，天与地，自然与人，一切法则都是相同的，所以，人法地，地法天，天法道，道法自然。天人同归。最终人和天的归属也是一样的：道是天地自然和人共同的归属，而道是简单的，是淳朴的。因此，他提出要"返璞归真"。

孟子又进一步推出"尽心、知性、知天"的"性天"相通思想。

先秦的智者贤人都强调"人"必须认同"天"，与"天"一致、和睦、协调。

到了汉魏时代，这种天人合一的思想有了新的发展，这种发展主要表现在"天人同构"思想上。比如大家比较熟悉的盘古开天辟地的神话，这个神话最早见于三国时吴国的太常卿徐整编撰的《五运历年纪》。其中说道："首生盘古，垂死化身，气成风云，声为雷霆，左眼为日，右眼为月，四肢五体为四极五岳，血液为江河，筋脉为地里，肌肉为田土，发髭为星辰，皮毛为草木，齿骨为金石，精髓为珠玉，汗流为雨泽。"

盘古开天辟地之后，他的身体化成了天地间的各种东西，他的呼吸化成了风云，他的声音化作了雷霆，他的左眼变成了太阳，他的右眼变成了月亮，他的四肢和五脏变成了四根撑天的柱子和五座高山，血液变成了江河，筋骨变成了山脉，肌肉变成了田土，头发变成了星辰，皮毛变成了草木，牙齿骨头变成了金石，精髓变成了珠玉，汗水变成了雨水。这里，天体与盘古身体的结构是那么相似。

这种天人同构的观念在汉代董仲舒那里表现得更充分。汉代大思想家董仲舒在"天人合一"思想的发展史上起了重要的推动作用，是他第一次明确提出了天与人合一。

董仲舒有一本书叫《春秋繁露》，书中说："以类合之，天人一也。"又说："天人之际，合而为一。"他继承古代的天人感应思想，并进一步发挥，将天人关系纳入一个系统，虽然其中多有牵强附会的内容和神秘主义的成分，但他却以此建立了一套囊括天人的宇宙学说，使天人合一从此成为一个理论传统。

董仲舒曾将人体的各种部件与天地的各种现象相比附。在他看来，天有四季于是人就有四肢，天有三百六十五日人就有三百六十五个穴位，天有五行人就有五脏，天有九州人就有九窍，天有日月人就有双目，天有树木人便有毛发……在今天看来，这种比附自然是十分荒唐的，但在古人的思想中，天和人就是一体的。

其实，这种天人同构的思想，也不是董仲舒的发明，可能是来自《黄帝内经》，《黄帝内经·灵枢·邪客》中也有类似说法。

无论是《黄帝内经》还是董仲舒，实际上都在尝试建立一种天人宇宙图式，其目的在于，"指出人只有在顺应（既认识又遵循）这个图式中，才能获得活动的自由，才能使个体和社会得以保持其存在、变化和发展（或循环）"（李泽厚先生语）。

而最终将"天人合一"这四个字合在一起的，是宋代的大哲学家张载。他在其《正蒙·东铭》中说："儒者则因明致诚，因诚致明，故天人合一，致学而可以成圣，得天而未始遗人。"这就正式提出了"天人合一"的概念。

天人合一，道法自然

在古人的天人合一观念里，天的概念比较复杂，但就其最基本的意义来说，主要是指人赖以生存的大自然。所以天人合一实际上就是人与自然的合一。这种合一，据古人的理解，主要有以下的表现：

一是人与自然的"同源同构"。如上文所说的老子的天道同源思想、董仲舒的天人相副论，再如中医的人体结构理论，认为人体本身就是对自然的模拟形式。

二是人与自然"同归"，人最终要归属于自然。道家一直提倡返璞归真，这"真"就是自然。回归自然是中国传统文化根深蒂固的思想，在西方人那里，人希望死后上天堂，担心下地狱，在我们祖先这里，则是求"安息"，所谓"纵有千年铁门槛，终须一个土馒头"。所以陶渊明的诗这样说："亲戚或余悲，他人亦已歌，死去何所道，托体同山阿。"

在中国文学中，这种回归自然的情愫表现得尤为明显。人与自然的相融，是中国文学的重要意境。像陶渊明《饮酒》："采菊东篱下，悠然见南山。山气日夕佳，飞鸟相与还。此中有真意，欲辨已忘言。"像王维的《鸟鸣涧》："人闲桂花落，夜静春山空。月出惊山鸟，时鸣春涧中。"像张若虚的《春江花月夜》："空里流霜不觉飞，汀上白沙看不见。江天一色无纤尘，皎皎空中孤月轮。江畔何人初见月？江月何年初照人？"像张岱的《湖心亭看雪》："雾凇沆砀，天与云、与山、与水，上下一白。湖上影子，惟长堤一痕、湖心亭一点，与余舟一芥、舟中人两三粒而已。"都表现了人与自然的和谐一体。

正因为天人同源同构同性同归，所以我们祖先对自然的态度首先是崇拜、崇尚、保护。中国古人有很强的生态文明意识。传说，从五帝时起，国家就设置了虞、衡机构。虞、衡就是专门负责环保工作的。在古人那里，"春三月，山林不登斧斤（斧头之类的砍伐工具），以成草木之长；夏三月，川泽不入网罟，以成鱼鳖之长"。据说此禁令产生于大禹时期，最迟也在先秦时期。这相当于今天的封山育林和休渔期。古人对竭泽而渔、焚林而猎深恶痛绝，倡导的是"数罟不入洿池"，即不用太密的网捕鱼；强调"三驱以为度"，即打猎之时要网开一面。《礼记·曲礼》中记载："国君春田不围泽，大夫不掩群，士不取麋卵。"即国君春天打猎，不能采取合围的方式；大夫不能整群、大批地猎取鸟兽；士子不得捕猎幼兽或捡拾鸟蛋，严防人类将鸟兽"赶尽杀绝"。

我们对于自然的态度，由崇拜、保护，再到效法，所谓道法自然。

对"道法自然"，学术界有不同的解释，一种是将"法"解释为名词"法则"，"道法自然"就是"道的法则是自然"，同时把"自然"一词解释为名词，即"道的法则就是自然的法则"，也可以将"自然"解释为形容词，即道的法则就是自然而然。另一种说法是将"法"解释为动词，即"效法"，按这种理解，"道法自然"就是向自然学习，道效法自然。

这几种理解都有其价值，且不违背老子思想的核心，无论是顺其自然还是学习自然，都在老子的思想体系之中，更在传统文化的思想体系之中。不过从老子原文"道法自然"的上下文而言，前面"人法地、地法天、天法道"，三个"法"字似乎只能做动词讲，因此"道法自然"之"法"做效法讲也许更为顺畅，且效法自然当然也包括"自然而然"。且《老子》全书，其许多思想都是从自然得到启发，如上善若水，柔弱胜刚强，就是从水、植物等得到的启发；其"不争"的思想也源于江海虽处于百谷之下而终成百谷王而得的启发。

被誉为"万经之祖"的《周易》，其基本的思维方式就是"取象于天"。传说中伏羲画八卦，就是从观察天地万物而得的启示。《系辞传》在解释八卦思想时说："古者包牺氏之王天下也，仰则观象于天，俯则观法于地，观鸟兽之文与地之宜，近取诸身，远取诸物，于是始作八卦，以通神明之德，以类万物之情。"

《周易》正是由观象于天而提炼出认识世界、把握世界的基本结构。像《周易》中的《乾》卦，其爻辞，就是对龙的动态的描述。从处于弱小时候的"潜龙勿用"，到逐渐成长崭露头角的"见龙在田"，再到成长过程中的谨慎小心、如履薄冰、自强不息，到生命全盛时期的"飞龙在天"，到必须警惕物极必反、忘乎所以的"亢龙有悔"，生动地描写出龙曲折的生命轨迹，以此来模拟人的生命轨迹或事物曲折前行的进程。《周易》中这样的例子太多了，如《坤》卦，就是在引导人们效法大地的品性，所谓"地势坤，君子以厚德载物"；如《震》卦，即以雷声阵阵来警示君子要修德自省；如《坎》卦，以陷入深坑、逐渐脱险的物象来阐释突破艰险的原则。

民族瑰宝，智慧之最

　　天人合一观念对中华民族的思想文化影响巨大。

　　它影响了人们的日常生活，如传统民居，是不是多习惯于坐北朝南？那是为了纳日通风，在方位上与天相契。传统民居的房屋结构是不是多有"天井""天窗""天台"等设置？从带"天"字的名称就可体会出人们与天相通的意愿。

　　不仅民居，宫殿也是这样。看看故宫的建筑吧。故宫又叫紫禁城。为什么叫紫禁城？我国古代天文学家将天上的星宿分为三垣二十八宿。三垣指太微垣、紫微垣和天市垣。紫禁城的紫就是指紫微垣。三垣以紫微垣居中，而故宫是皇帝的居所，封建帝王乃天下的中心，故以居中的紫微垣象征封建帝王为天下的中心。又因皇宫是等级森严的封建社会中最高级别的"禁区"，便有紫禁城的"禁"字来强调皇宫的无比尊严。地上的故宫与天上的星辰对应着，可以说故宫的建筑完全是取象于天。

　　我们的生命观是"聊乘化以归尽，乐夫天命复奚疑"（《归去来兮辞》），所谓乐天知命。我们的医学一方面讲究顺应自然，另一方面也讲究效法自然。在中医看来，人生天地间，秉受自然之气，必受自然的支配和制约，所谓人与天地相参，与日月相应，所以，生活起居要顺应四时昼夜之变，动静和宜，饮食合理，春生夏长，秋收冬藏，春夏养阳，秋冬养阴。我们的生活态度是缘来不拒，缘走不留，顺其自然。取类比象是古人认识事物的一种方式，在中医学，尤其是在中药学中运用尤为广泛，民间有所谓"以形补形"等诸如此类的说法。

虽然这些东西不一定有科学依据，有些可能还近乎荒唐，但它反映了我们民族这种"道法自然"的思想。在中国武术或健身术中，有大量仿生拳种，像五禽戏，就是东汉末年著名医学家华佗根据中医原理，以模仿虎、鹿、熊、猿、鸟等五种动物的动作和神态编创的一套导引术。中国武术史上以动物命名的拳种就有好几十种，如龙拳、蛇拳、虎拳、豹拳、鹤拳、螳螂拳等。

在政治思想上，无论是儒家的有为还是道家的无为，都是以自然为法则，孔子说，"巍巍乎！唯天为大，唯尧则之"（《论语·泰伯》），说的正是以自然为法则。而道家的无为而治，讲究的是顺其自然，无为而无不为。

在审美方面，我们强调"清水出芙蓉，天然去雕饰"，重视自然之美。苏轼论文，讲究行云流水之美，所谓"常行于所当行，常止于所不可不止，文理自然，姿态横生"。陶渊明和孟浩然的诗歌之所以能在中国诗歌史上有着重要的地位，与其自然的风格有十分重要的关系。他们的诗歌确有一种纯天然之美。"赋比兴"中的"比兴"手法，也是一种道法自然的体现。在艺术方面，我们强调"外师造化，中得心源"（唐代画家张璪语），强调以自然为师。

天人合一，是祖先留给我们的最伟大的精神财富之一。国学大师钱穆先生甚至将其视作中华传统文化最伟大的精神。在香港中文大学新亚书院有一处名为"天人合一碑"的特殊景点，是为纪念钱穆先生《天人合一论》而设造的人工景观。《天人合一论》是钱先生写的最后一篇文章，由他口授，胡美琦女士笔录。钱先生认为，天人合一是中国传统文化的归属，是中国文化对人类最大的贡献。

撷 英 掇 华

老子①论"道法自然"

有物②混成，先天地生。寂兮寥兮③，独立而不改，周行而不殆，可以为天地母。吾不知其名，字之曰道，强为之名曰大④。大曰逝⑤，逝曰远，远曰反。故道大，天大，地大，人（一作"王"）亦大。域中有四大，而人居其一焉。人法地，地法天，天法道，道法自然。（《老子》第二十五章）

①老子：姓李名耳，字聃，春秋末期人，中国古代思想家，道家学派创始人和主要代表人物。②物：指"道"。③寂兮寥兮：没有声音，没有形体。④大：形容"道"是无边无际的、力量无穷的。⑤逝：指"道"周流不息、永不停止的运行状态。

文本大意 有一个东西浑然天成，先于天地而存在。它既发不出声音也没有形体，寂寥空空，不依外力，独立长存，运行不息，可以作为万物的根本。我不知道它的名字，姑且把它叫作"道"，再勉强称呼它为"大"。它广大无边而运行不息，运行不息而遥远无穷，伸展遥远而又返回本原。所以说道大、天大、地大、人也大。宇宙间有四大，而人居其中之一。人取法地，地取法天，天取法道，而道则效法自然的本来面目。

庄子①论"万物齐一"

天下莫大于秋豪之末，而大山为小②；莫寿于殇子，而彭祖为夭。天地与我并生，而万物与我为一。既已为一矣，且得有言乎？既已谓之一矣，且得无言乎？一与言为二③，二与一为三。自此以往，巧历④不能得，而况其凡乎！故自无适有，以至于三，而况自有适⑤有乎！无适焉，因⑥是已！（《庄子·齐物论》）

中国智慧
写给中学生的18堂国学哲思课

①庄子：姓庄，名周，宋国蒙人，战国中期著名的思想家、哲学家和文学家，道家学派的主要代表人物之一。②秋豪：同"秋毫"，鸟兽在秋天新长的细毛，比喻微小的事物。大山：同"泰山"。③一与言为二：客观存在的浑然一体加上我的议论和看法就成了"二"。④巧历：精巧的推算。历：推算年月日和节气的方法。⑤适：到。⑥因：因循，顺应。

文本大意 天下没有什么比秋毫的末端更大，而泰山算是最小的；世上最长寿的人是夭折的孩子，而传说中年寿最长的彭祖却是最短命的。天地与我共生，万物与我为一体。既然已经浑然为一体，还能有什么议论和看法？既然已经称作一体，能没有议论和看法吗？客观存在的浑然一体加上我的议论和看法，就成了"二"，"二"如果再加上一个"一"，就成了"三"，以此类推，即使用最精明的计算也不可能求得最后的数字，何况大家都是凡夫俗子！所以，从"无"到"有"乃至推到"三"，又何况从"有"推演到"有"呢？没必要继续推演下去了，还是顺应事物的本然吧。

名言

◎人法地，地法天，天法道，道法自然。（春秋·老子）

◎夫大人者，与天地合其德，与日月合其明，与四时合其序。（《周易》）

◎天地与我并生，而万物与我为一。（战国·庄子）

◎道在屎溺（屎尿）。（战国·庄子）

◎万物皆备于我矣。反身而诚，乐莫大焉。（战国·孟子）

◎采菊东篱下，悠然见南山。（晋·陶渊明）

◎清水出芙蓉，天然去雕饰。（唐·李白）

◎民，吾同胞；物，吾与也。（宋·张载）

◎纵一苇之所如，凌万顷之茫然。浩浩乎如冯虚御风，而不知其所止；飘飘乎如遗世独立，羽化而登仙。（宋·苏轼）

成语

◎道法自然：万事万物均效法或遵循"道"自然而然的规律。

◎天经地义：天地间历久不变的常道。

◎顺天应人：顺应天命，合乎人心。旧时常用于颂扬新建立的朝代。

◎因地制宜：根据各地的具体情况，制定适宜的办法。

◎上善若水：至高的品性像水一样，泽被万物而不争名利。

◎梅妻鹤子：宋代诗人林逋隐居杭州孤山，以自然为友，植梅养鹤。

中国智慧
写给中学生的18堂国学哲思课

第 2 课

和而不同：恪守底线的和谐中庸原则

和而不同，意思是为人处世讲求和谐，但又应拒绝苟同。语出《论语·子路》："君子和而不同，小人同而不和。"

牛人史伯测国运

据《国语》记载，西周末年有一个能尽知天下事的人，他熟悉西周各种典籍，对诸侯国的情况都了然于胸，被人们称为"史伯"。他就是西周末期周幽王时期周王朝的太史伯阳父，生活在公元前800年到公元前700年之间。就是这个人，竟然准确预言了西周的灭亡，而他预知西周灭亡的理论武器，就是他提出的"和而不同"。

史伯为什么能预知西周的灭亡呢？

原来，他生活的晚年，正是西周末年周幽王当政时期。这个周幽王大家可能并不陌生，他就是"烽火戏诸侯"故事的男主角。周幽王当政，不问政事，任用虢（guó）石父为卿士，执掌政事。虢石父为人奸佞，善于奉承，周幽王只喜欢听与自己相同的意见，听不进不同意见。许多有识之士都在考虑退路，连周幽王的叔叔郑伯友都想另谋出路。

有一天郑伯友问史伯，周朝会衰败吗？史伯就说，已经差不多啦。为什么呢？幽王的问题出在哪里呢？史伯说了五个字："去和而取同。"什么意思呢？原来，史伯认为，"和"与"同"是两个不同的概念，"和"是不同事物之间的协调平衡，"和"的基础是"不同"，如果去掉了"不同"这个基础，变成无差别的"同"，就会很危险。

正是基于这样的思考，史伯提出了"和实生物，同则不继"的伟大思想，就是说，和谐才能生成万物，事物同一就不能发展。他发现周幽王抛弃了"和实生物，同则不继"的法则，便断言周王朝的末日即将来临。历史也证明了他的判断，周幽王在位仅十一年，西周就灭亡了。

可见这"和而不同"实在是个了不起的理论。后来有一个人进一步继承和发扬了他的这一理论，这个人叫晏婴。

智者晏婴巧设喻

大家应该都很熟悉晏婴，他是春秋时期齐国著名的政治家、思想家、外交家，也是民间传说中的智者。晏婴善谏的特点一直为人称道，他能根据不同的环境场合采取不同的劝谏方式，或巧设比喻，或层层埋伏，或以子之矛攻子之盾；语言或锋芒毕露，或冷静含蓄，或严肃庄重，或滑稽幽默，往往都能取得最佳劝谏效果。他比孔子大几岁，历任三朝，辅佐齐国五十余年，孔子曾称赞他："救民百姓而不夸，行补三君而不有，晏婴果君子也！"

齐景公有一个臣子叫梁丘据，很受景公的宠爱。据《左传》记载，有一天，景公从打猎的地方回来，晏婴随侍左右，这个梁丘据也特地驾车赶到了。景公看见梁丘据来了很高兴，于是就说："你看，我一回来，梁丘据就跑来了，只有他跟我关系和谐啊！"晏婴一听，就说："不对呀，梁丘据也不过是'相同'而已，哪里能称得上'和谐'呢？"景公给弄糊涂了，便问道："'和谐'与'相同'有差别吗？"

要说清这个问题，可是有点难度的，晏婴想了想，就用烹调打了个比方，说："当然有差别啦。和谐就像做肉羹，用水、火、醋、酱、盐、梅等不同的味道来烹调鱼和肉，用柴火烧煮。厨工调配味道，使各种味融为一体，味道不够就适当增加调料，味道过重就用水冲淡一下。"

这时，景公有些明白了，晏婴便顺势将问题转到政治话题，他说："君臣关系也是如此。国君认为可以的，其中也会有不对的，臣下进言指出不正确的地方，使其更加完备；国君认为不行的，其中也会有可行的，臣下进言指出其中可行的，否定不可行的。君臣意见有差别，才能得出真正正确的意见，这就是和而不同啊。现在梁丘据并非这样。国君您说行，他也说行；国君您说不行，他也说不行。他的话对国君您没有任何参考价值，就像用水来调和水的味道，有什么用呢？就像用琴瑟去弹一个不变的音调，谁听得下去？所以'相同'行不通，要

'和而不同'才行。"晏婴可真是比喻的高手，用烹调和弹琴这两个比喻，就把这"和而不同"的深刻道理说清了。

至圣孔子倡和谐

比晏婴稍微晚几年的孔子，敏锐地发现了这"和而不同"的价值，便接过了这面大旗。

孔子特别看重"和谐"，"和"成了儒家特别倡导的伦理、政治和社会原则。《论语》中有大量关于"和"的论述，甚而由此发展出"中庸之道"，《礼记》就专门有一章谈论中庸，提出："致中和，天地位焉，万物育焉。"将"中和"提到了至高无上的位置。

一次，孔子到鲁庙去参观，看到一种很奇怪的器皿，就问那守庙的人，这是什么器皿，守庙的告诉他，这是鲁国之君放在宗庙中的"欹（qī）器"，相当于今人的"座右铭"。孔子早就听说过这样一种东西，只是没见过，今天终于一睹真颜了。这东西叫"宥坐之器"，它"虚则欹，中则正，满则覆"，就是说，当它不盛一点水时，就会倾斜而无法端正地放置，即使把它扶正，一放手又会倒向另一边，这就是"虚则欹"；在这容器中注入中等数量的水，就可端正地把它摆放在那里，这就是"中则正"；但注水又不可太满，太满了，它又会自动向另一侧倒，会把水都洒出来，这就是"满则覆"。鲁国国君以此来提醒自己始终保持"中正"的状态。孔子看后啧啧称奇，马上叫来弟子往里面注水，一看果然如此。这令孔子十分感慨：看来万事都要采取中庸之道，适可而止，切不可过分，要慎防"虚而欹""满而覆"，力求做到"中而正"。

但是，儒家把和谐、中庸提到这样的高度，往往使人对他们的和谐观产生误解，认为他们主张的和谐就是中庸，就是不偏不倚，甚而

中国智慧
写给中学生的18堂国学哲思课

至于就是和稀泥。其实并非这样，孔子主张的"和"是"和而不同"之"和"。孔子明确将"和而不同"作为衡量君子的标准提了出来，他指出，"君子和而不同，小人同而不和"（《论语·子路》），"君子周而不比，小人比而不周"（《论语·为政》）。他认为，道德高尚的人善于团结不同意见的人而不是勾结少数同伙，道德低下的人则是几个臭味相投的人勾结在一起而不是团结不同意见的人。

他反对无原则地附和，反对做老好人。所以当子贡问他："乡人皆好之，何如？"他断然回答说："未可也。"子贡又问："乡人皆恶之，何如？"他说："未可也。不如乡人之善者好之，其不善者恶之。"他甚至将不分是非的老好人称为"乡愿"，认为这种人是道德的破坏者。

这样，我们就可以将"和而不同"的发展路径理清楚了：早在《尚书·舜典》中，我们的先民就提出了"八音克谐，无相夺伦，神人以和"及"直而温""宽而栗"等辩证概念，后来春秋时期的史伯、医和、晏婴等提出了"和同之辩"，再到孔子的"和为贵"和"和而不同"的君子标准，"和而不同"的思想就这样正式确立了。

和而不同真境界

"和而不同"思想对中国古代生活产生了重要的影响。

我们应该不会忘记唐太宗与魏徵的故事。

唐太宗时期，有一个敢于进谏的名臣叫魏徵。有一次，魏徵又在提意见，唐太宗实在听不下去，想要发作，又怕坏了自己善于纳谏的好名声，只好忍气吞声。退朝以后，他气冲冲地对妻子长孙皇后说："总有一天，我要杀死这个乡巴佬！"长孙皇后问他想杀哪一个，唐太宗说："还不是那个魏徵！他总是当着大家的面侮辱我，我实在受不了了！"长孙皇后一听，赶紧向他贺喜说："只有天子英明大臣才正直，魏徵敢于这样，正是因为陛下英明啊。"

魏徵像

后来直言敢谏的魏徵病死了，唐太宗很难过，他流着眼泪说："夫以铜为镜，可以正衣冠；以古为镜，可以知兴替；以人为镜，可以明得失……今魏徵殂逝，遂亡一镜矣！"

当时的朝廷，君王与臣子常有不同意见，大家能互相交流甚至激烈争辩，然后通过对不同意见的争辩寻找相对一致的思想。正是这种廷争，才使太宗朝堂有了基于不同意见的和谐，从而最终形成了"贞观之治"的大和谐。

当然，这种影响是方方面面的。往大了说，就整个文化史而言，虽然在中国历史上确实出现过独尊儒术的现象，但事实上，无论是战国时代的百家争鸣，还是后来的儒道释三家并存，中国文化一直王霸并重，各家各有原则，互有补充，所以，也就有了"儒道互补"之说。

在哲学思想方面，天人合一、阴阳交感的哲学观强调以不同质的事物构成和谐的整体，一幅太极图将"和而不同"的观念发挥到了极致。至于"乐和同、礼别异"的儒家政治手段，"中和"的美学观，中医的气血调和，都是这种思想的体现。我们发达的辩证思维，更是"和而不同"的集中反映。即使中国的算命术，其关键也在"旺相休囚死"五行持平。

往小了说，人与人之间的"和而不同"更是君子之交的境界。例如北宋时期王安石和司马光的交往，就堪称"和而不同"的政坛佳话。

请先看下面这段文字：

昨日蒙教，窃以为与君实游处相好之日久，而议事每不合，所操之术多异故也。虽欲强聒，终必不蒙见察，故略上报，不复一一自辨。重念蒙君实视遇厚，于反复不宜卤莽，故今具道所以，冀君实或见恕也。

这是北宋著名改革家、宰相王安石给当时的著名学者、大官僚司马光的信的第一段，信中的"君实"是司马光的字。这段话的意思是说："昨天蒙您来信指教，我认为，我和您往来相好时间很长，但商讨政事却常常意见不合，这是因为我们政见不同，即使我强行辩解，恐怕您最终未必能听得进去，所以过去只是简单地给您回复，不曾一一辩白。但又再三想到您很器重我，在反复辩论中，我不应草率，所以现在向您详细说明我的观点和思想，希望也许能得到您的谅解。"

从这段话可以看出什么呢？至少有这么几点，一是王安石和司马光两人私交甚厚；二是两人政见不合；三是王安石对司马光非常尊重，所以信的结尾写道："无由会晤，不任区区向往之至。"意思是说，没有机会与您见面，内心实在仰慕到极点。

司马光和王安石是北宋政坛和文坛的两颗巨星，二人都才华横溢，又私交甚好，但性格迥异，政见对立。在庙堂之上，两人往往针锋相对。先是司马光掌权，王安石反对司马光的政治主张，将其从宰相宝座上赶了下来，自己担任宰相，大刀阔斧进行政治改革。但当王安石大权在握时，皇帝询问他对司马光的看法，王安石却称司马光乃"国之栋梁"，对其人品、能力、才学给予了极高评价。所以，司马光虽然失去了皇帝的信任，却也并没有因此而陷入悲惨境地，仍然生活得逍遥自在。

但是，司马光并没有因为王安石在皇帝面前说了自己的好话而停止反对新政。后来王安石新政在司马光等人的反对下宣告失败，司马光重新掌权，这时也有人趁机向皇帝告王安石的黑状，皇帝想要惩治王安石，便征求司马光的意见，司马光却恳切地告诉皇帝：王安石疾恶如仇，胸怀坦荡，忠心耿耿，颇具君子之风，陛下万不可轻信谗言。皇帝听完司马光对王安石的评价，只说了一句话："卿等皆君子也！"

的确，两大巨星，是挚友，却是政敌，私下仰慕，却不影响双方的政治立场；各自恪守其基本的政治立场，却又惺惺相惜，互相维护。因为他们有相同的追求，虽然政见各异，或保守，或激进，但不是为一己之私，而是为国为民，而且双方都品德高尚，堪称君子，是和而不同的真君子。

撷 英 掇 华

《 原典 》

晏子①论"和而不同"

和如羹焉，水、火、醯、醢、盐、梅②，以烹鱼肉，燀之以薪③，宰夫和之④，齐之以味⑤，济其不及⑥，以泄其过⑦。君子食之，以平其心。君臣亦然。君所谓可而有否焉，臣献⑧其否以成其可；君所谓否而有可焉，臣献其可以去其否。是以政平而不干⑨，民无争心。（《左传·昭公二十年》）

①晏子（前578~前500）：名婴，字仲，谥号"平"，春秋时期齐国著名政治家、思想家、外交家。②羹：调和五味（醋、酱、盐、梅、菜）做成的带汁的肉。不加五味的叫大羹。醯（xī）：醋。醢（hǎi）：用肉、鱼等做成的酱。梅：梅子。③燀（chǎn）：烧煮。④宰夫：厨师。和：调和。⑤齐之以味：调配使味道适中。⑥济：增加，添加。⑦泄：减少。过：过分，过重。⑧献：进言指出。⑨干：犯，违背。

文本大意 "和"就像做肉羹，用水、火、醋、酱、盐、梅来烹制鱼肉，厨师加以调和，再配以各种配料，增加不足的味道，减少过重的味道。君子吃了，可以平和自己的心情。君臣之间也是这样，国君赞成却又存在不足的事情，臣子进言指出可能存在的问题从而让事情做得更好；国君反对却又有某种价值的事情，臣子进言指出其中有价值的部分并明确其不可行的部分。因此政事平和，没有过错，老百姓心里也没有什么不平。

中国智慧
写给中学生的18堂国学哲思课

《论语》论"和而不同"

子曰："君子和而不同，小人同而不和。"(《子路》)

有子曰："礼①之用，和为贵。先王之道②斯为美。小大由之，有所不行。知和而和③，不以礼节之，亦不可行也。"(《学而》)

子贡问曰："乡人皆好之，何如?"子曰："未可也。""乡人皆恶之，何如?"子曰："未可也。不如乡人之善者好之，其不善者恶之。"(《子路》)

子曰："乡愿④，德之贼也。"(《阳货》)

①礼：泛指奴隶社会的典章制度和道德规范。②先王之道：指尧、舜、禹、汤、文、武、周公等古代帝王的治世之道。③知和而和：只知道为和谐而和谐。④乡愿：貌似谨慎忠厚，实则是没有道德原则的伪善者。

文本大意 孔子说："君子讲求和谐却不同流合污，小人只求完全一致，而不讲求协调。"

有子说："礼的应用，以和谐为贵。这就是古代君主治国的宝贵经验。但不论大事小事只顾按和谐的办法去做，有的时候就行不通。(这是因为)为和谐而和谐，不以礼来节制和谐，也是不可行的。"

子贡问孔子说："如果有一个全乡人都喜欢的人，该如何评价这个人?"孔子说："不能肯定。"子贡又问孔子说："如果全乡人都厌恶他，又该如何评价呢?"孔子说："也不能肯定。最好的人是全乡的好人都喜欢他，全乡的坏人都厌恶他。"

孔子说："那些不论是非，不讲原则，讨好卖乖的'老好人'，是败坏道德的小人。"

名言

◎直而温，宽而栗，刚而无虐，简而无傲。(上古·舜帝)

◎和实生物，同则不继。(西周·史伯)

◎君子和而不同，小人同而不和。(春秋·孔子)

◎过犹不及。(春秋·孔子)

◎君子矜(庄重、拘谨)而不争，群而不党。(春秋·孔子)

◎礼之用，和为贵。先王之道斯为美。小大由之，有所不行。知

和而和，不以礼节之，亦不可行也。（春秋·有子）

◎乡愿，德之贼也。（春秋·孔子）

◎虚则欹（qī，倾斜），中则正，满则覆。（春秋·孔子）

《成语》

◎中庸之道：不偏不倚，折中调和的处世态度。

◎允执厥中：言行不偏不倚，符合中正之道。

◎群而不党：与众合群，不结私党。

◎周而不比：团结合群，却不结党营私。

◎笙磬同音：笙磬合奏，相得益彰。比喻人事协调，关系和睦。

◎琴瑟和谐：琴瑟合奏时声音非常和谐。比喻夫妻关系和谐。

◎一而不党：一视同仁而不偏私结党。

◎智圆行方：处事灵活变通，却能坚守基本原则，行为方正不苟。

第 3 课

大道至简：以简驭繁的本质思维，
简朴简约的文化表现

> 大道至简：大道理是极其简单的，简单到一两句话就能说明白。语出五代陶埴的《还金术》："妙言至径，大道至简。"
> （见明代道教典籍《正统道藏》）

语言奠定心理基础

说到中国文化的简约特点，首先想到的是我们的语言。

英文书籍动辄几百页，中国书籍则极少大部头。若将中文书译成英文，厚度恐怕不止增加一倍。研究资料表明，"英语的多余度约在67%~80%之间，俄语约为70%，汉语为52%……1988年6月在我国首次召开的计算机语言学研讨会上有一份材料谈到，在科技类文章中英语词汇等字符大约是相同内容的汉语文章的2倍。"（常宝儒《汉语语言心理学》）。这还是说现代文，要是文言文，要翻译成英文，其厚度恐怕要增加四五倍。

我们的语言讲究的就是简约，汉语的语言手段十分经济，它不像英语那样有复杂繁多的外在形态变化，反而形成了一种西方人看来是频繁"省略"的特点，这在文言文中更为突出。例如下面这段文字，选自清代文学家方苞的散文名作《左忠毅公逸事》：

先君子尝言，乡先辈左忠毅公视学京畿，一日，风雪严寒，从数骑出微行，入古寺，庑下一生伏案卧，文方成草；公阅毕，即解貂覆生，为掩户。叩之寺僧，则史公可法也。及试，吏呼名至史公，公瞿然注视，呈卷，即面署第一。召入，使拜夫人，曰："吾诸儿碌碌，他日继吾志者，惟此生耳。"及左公下厂狱，史朝夕狱门外……

这段文字去掉标点，才117个字，我们不妨按照现代汉语的习惯将其省略的成分用括号补出来：

先君子尝言，乡（之）先辈左忠毅公视学（于）京畿，一日，风雪严寒，（公）从数骑出微行，入古寺，（见）庑下一生伏（于）案（而）卧，（其：他的）文方成草；公阅（之）毕，即解（其：自己的）貂覆（于）生，为（之）掩户。（公）叩之（于：向）寺僧，（僧）（曰）（生：这年轻人）

则（是）史公可法也。及试，吏呼名至史公，公瞿然注视（之：他），
（生：年轻人）呈卷（于）（公），（公）即面署（其）（为）第一。召（之）
入（于：到）（内堂），使（之）拜夫人，（公）曰："吾（之）诸儿碌碌，
他日继吾志者，惟此生耳。"及左公下厂狱，史朝夕（守）（于）狱门
外……

　　这段文字与现代汉语比，至少省略了32个成分或部件，几乎每3
个字就有1个成分或部件的省略，而且主、谓、宾、定、状、补所有成
分，实词、虚词各种词类，都可以省略，如果将其与英语比，那就更
不知省略了多少了。外国人可能觉得这是天书，但是，汉民族对此却
习以为常，有充分的心理承受力。

八卦开启尚简之门

　　因为，在中国的文化源头上，早就已经开启了尚简之门。
　　中国文化源头上开启这尚简之门的便是被称为万经之祖的《周易》
中的八卦。按古人的解释，"易"有"三易"，是简易、变易和不易。《周
易》的第一个特点便是简易。《周易》的基本概念就是"阴阳"，八卦
的基本成分就是阴阳两爻。一切都从这里开始。八卦共64卦，384爻，
都是由阴爻（--）和阳爻（—）这两爻的不同组合演化而成。《周易》解
释世间现象也是以阴阳两个基本概念为核心，将世间的一切事物与这
两个概念构成对应关系：天与地，男与女，刚与柔等。
　　这里，涉及了我们先民的思维方式，这种思维方式就是一种模型
化的思维方式。我们的先民是先用归纳推理的方式，将世间万事万物
的特性加以抽象，最后归纳抽象成"阴"与"阳"这两个对立的、关
于宇宙的最基本概念，然后用这两个近乎宇宙模型的阴阳概念，来进

行演绎、解释世间万象，在他们看来，似乎一切都能用阴阳二字解释清楚，所以，天地、乾坤、日月、暑寒、男女、尊卑、高下、刚柔，无不与此对应，也正因为如此，复杂万象，在这里就变得简单了，变得明朗了，变得容易把握了。

在古人看来，世间万象纷纭，过于复杂，难以把握，所以"乾以易知，坤以简能；易则易知，简则易从"，八卦能在变化中看到事物本质，能将复杂问题简单化；"易简而天下之理得"，将万事万物抽象成阴阳模型就好把握了。所以，《周易》的"简"，不是"简单"的"简"，而是"简易"的"简"，是"简约"的"简"，简易中有变易，变易中有不易，有永恒的规律；《周易》的"简"，是"以简驭繁"的"简"，是在对世间万象做了归纳抽象之后的"简"，实际上是一种数学的"简"。由"0"与"1"形成的计算方式，实际上就是一种阴阳思维方式。可见中国文化的"简"，不是"简单"的"简"，而是"以简驭繁"的"简"，是"由博返约"的"简"，是"博观约取、厚积薄发"的"简"。

儒道催化尚简传统

孔子是尚简的，《论语》中有许多尚简的文字，"以约失之者鲜矣"（《里仁》），"辞达而已矣"（《卫灵公》）。孔子非常欣赏颜回的简单生活，他说："贤哉回也！一箪食，一瓢饮，在陋巷，人不堪其忧，回也不改其乐。贤哉，回也！"（《雍也》）其实，整部《论语》就是非常简单的语录汇编。你看，中国古代极少有长篇大论的理论著作，多是欲言又止的语言片段，这是思想史源头的哲人们开启的简约传统。

当然，最能说明孔子尚简的是：孔子开启了中国史学的尚简传统。

中国史学的传统，一是实录，二是微言大义，三是尚简。微言大义本身就是尚简。孔子编《春秋》，讲究微言大义，一字立褒贬。《春秋》所记，是春秋二百四十多年间各国的军政大事，而目前所存《春秋》全文，不过一万六千多字，每年的记事平均只用了六十来字，里面的每一句话几乎都让左丘明写成了一段历史，写成了一个甚至可以说是很复杂的故事，可见《春秋》之简。

到司马迁写《史记》，也不过只用了五十二万多字，就真实生动地反映了从上古到汉初三千多年历史的精神风貌，每年平均只用了一百七十多字。中国史学讲究实录，但要写三千年历史，如何实录？实录，不是将某一段历史事无巨细地兼收并写，而应有所选择地写出历史的本质真实，司马迁首先想到的是以人说史，从历史的茫茫人海中，选择有代表性的人物，这样，以"人之简"来驭"史之繁"。但是，人生百年，其事无数，尺素之间要传其形神，又有一个繁简问题，司马迁往往采取选择典型事件的方法：写蔺相如，仅用完璧归赵、渑池之会、负荆请罪三件事便让其千古不朽；写项羽，用力能扛鼎、自刎乌江，便写尽其英雄本色。太史公选择那些最能表现其精神风貌的典型事件，将传神与尚简结合了起来，传人物之神，传历史之韵，达到了史学的至高境界。

后来唐代史学家刘知几进一步发挥这种尚简精神，在他的《史通》这部专著里专门写了《尚简》一文，明确提出史学的尚简主张，认为："夫国史之美者，以叙事为工，而叙事之工者，以简要为主。简之时义大矣哉！"

儒家尚简，道家更尚简。一部《老子》，仅仅五千言，说尽世间规律，道尽人生至理。老子倡导的就是简朴的生活，他认为，"五色令人目盲；五音令人耳聋；五味令人口爽；驰骋畋猎，令人心发狂；难得之货，令人行妨"。因此他要求"为腹不为目"，要求绝圣弃智，返璞归真，回归原始生活。道家在骨子里就是简约、简朴、简单的。即使后来的道教，也不重讲经说法，只重师徒之间口传心授，把许多经典束之高阁。

不过，要说明的是，老子虽然尚简，但"大道至简"这句话并非出自《老子》，而是出自五代陶埴的《还金术》："妙言至径，大道至简。"网络流传的所谓《老子》"万物之始，大道至简，衍化至繁"之说，恐是以讹传讹。这种讹传，也反证了老子的尚简精神。

简约蕴含无穷韵味

简约的语言，尚简的传统，使得我们的文化进一步朝着简约的方向发展。本来在人家那儿繁复的东西，一旦到了我们的手里，也可能会变得简约起来。如佛教，其教义之繁复深奥，较之中国道教不知凡几，仅《大藏经》的字数就在一亿以上。但佛教一经中国化，就有了简易性的特点。唯一确定为中国人所写的佛经——《坛经》就极其简练，另一最简之《心经》也很有可能出自中国人之手。而且禅宗在修行方式上更是重视顿悟，不像印度大、小乘佛教和瑜伽那么注重修行的次第或步骤，也不怎么重视诵经念佛，讲究的是不立文字、见性成佛。这里有一个故事：

唐宋时期，出家需要"度牒"，即许可证，要拿到许可证，必须通过佛学考试，就像今天考文凭一样。据唐人孟棨《本事诗》记载，唐文宗太和末年，朝廷下令，佛门僧尼必须参加若干经文的测试，考试不合格，必须还俗。当时一个叫李章武的文人，是个名士，博学好古，在成都当少尹，负责主持当地佛门的资格考试。一天，有个和尚来求情，说他从小出家，学的是禅宗，在禅堂里打坐参禅，没有念过佛经，现在要逼着他考佛经，怎么也考不过，这样，以前的修行就全都白费了，但他愿意一辈子修行学佛，因此他请求长官能宽容他。李章武也是菩萨心肠，发现他诚心向佛，便拿起笔来，写了四句话给这和尚，说："你通过了。"给这个和尚发了度牒。李章武写了什么呢？其他和尚拿来一看，原来是一首七言诗："南宗尚许通方便，何处心中更有经。好去苾蒭雪水畔，何山松柏不青青。""苾蒭"，即"苾刍"，梵语，读

作 "bìchú"，本是西域的草名，比喻出家的佛弟子，后写作 "比丘"；"南宗" 就是六祖禅宗。这首诗的意思是：禅宗开启了简易的修行法门，行了修佛的方便，干吗一定要念经，一定要那么复杂呢？佛在云水，佛在青山，佛在心中。

这就是中国式佛教，只要诚心向佛，方式大可简便！

再如中国的围棋，简直将《周易》"简易、变易、不易" 的思维方式发挥到极致。围棋形式简单：方的棋盘，圆的棋子，棋子黑白两色，既没有将士相马的分工，也没有司令连长的级别。围棋规则简单，小孩一学就会，入门容易，就是四个子围一个子，基本原则很简单。但是围棋的复杂又举世公认。围棋有多少变化？数学家说有 3 的 361 次方的阶乘种变化，$361 \times 360 \times 359 \times 358$……这么一直乘下去。但围棋的变化还远远不止这些，因为围棋还可以打劫、吃子……所以，最具中国特色的围棋，同样也是以简驭繁的。

再去看看中国的艺术吧。中国的绘画少有西方的浓墨重彩和繁复的结构，有人把中国的艺术归纳为线的艺术，颇有道理。中国原始社会的绘画一开始就趋向图案化，不同于欧洲旧石器时代的壁画风格，仰韶彩陶把各种具体事物都线条化了。用线条表达意境，一直是中国绘画的民族传统。中国画讲究意笔勾勒，随意点染，甚至发展了一种很具 "简" 的特征且具极高审美价值的绘画艺术——水墨画，仅用黑白两色，却幻化出无穷的诗情画意。

中国的音乐也尚简，《礼记·乐记》说："大乐必易，大礼必简。" 中国传统文化的土壤没有培育出西方那种繁复的交响乐。中国的文学、文章也以简为表达理想，孔子说，"辞达而已矣"；晋代陆机说，"立片言以居要"（《文赋》）；南朝刘勰说，"文约为美""析词尚简"（《文心雕龙》）；唐代刘知几说，"简之时义大矣哉"（《史通·叙事》）；清代刘大櫆说，"简为文章尽境"（《论文偶记》）。汉民族之所以缺乏长篇叙事诗，视简为文章尽境，当是重要的文化心理原因之一吧。

撷英掇华

原典

孔子论简

子曰："贤哉回也！一箪食，一瓢饮，在陋巷，人不堪其忧，回也不改其乐。贤哉，回也！"（《论语·雍也》）

子曰："辞达而已矣。"（《论语·卫灵公》）

文本大意 孔子说："颜回的品质是多么高尚啊！他吃的是一箪饭，喝的是一瓢水，住在简陋的小屋里，别人都忍受不了这种穷困清苦，颜回却没有改变他好学的乐趣。颜回的品质是多么高尚啊！"

孔子说："言辞足以表达意思就行了。"

《周易》①论简

乾以易知，坤以简能②；易则易知，简则易从；易知则有亲，易从则有功；有亲则可久，有功则可大；可久则贤人之德，可大则贤人之业。易简而天下之理得矣。天下之理得，而成位乎其中矣。（《周易·系辞传》）

①《周易》：传统经典之一，被誉为"群经之祖"。内容包括《经》和《传》两部分。《经》包括六十四卦和三百八十四爻卦辞爻辞的说明，作为占卜之用。相传是周文王姬昌所作。《传》是对《经》的解释。②乾以易知，坤以简能：两句是互文。乾：《周易》六十四卦的第一卦，代表天。坤：《周易》六十四卦的第二卦，代表地。知：通"智"。易：简易，平易。

文本大意 天以平易来显现它的智能，地以简朴来显现它的功能。正因为平易才容易被人了解，因为简约才容易使人遵从。容易被人了解才能使人亲近，容易使人遵从才能发挥功效。有了亲近之感，这种依存关系才能长久地维持下去，有了功效才能发展壮大。长久的依恋，就能塑造人的品德，发展壮大，就能成就人的功业。掌握了简易的原则，就能理解天地间的道理了。理解了天地间的道理，阴阳刚柔贵贱尊卑的位置系统就自然确立起来了。

刘知几① 论史学之简

夫国史之美者，以叙事为工，而叙事之工者，以简要为主。简之时义大矣哉！历观自古，作者权舆②，《尚书》发踪，所载务于寡事，《春秋》变体，其言贵于省文③。斯盖浇淳殊致④，前后异迹。然则文约而事丰⑤，此述作之尤美者也。（刘知几《史通·叙事》）

①刘知几：唐代著名史学理论家，所著《史通》是中国乃至世界首部系统性的史学理论专著。②权舆：起始，萌芽。③省文：省略。④浇淳殊致：轻薄与淳朴差别很大。⑤文约而事丰：文字简约，含义丰富。

文本大意 我国史书中最美的，是叙事的工巧，而叙事最工巧的又以简明扼要为主。简约的意义太重大了。纵观历史，从有作者开始，从《尚书》发端，所记载的事情并不多；《春秋》开始变化，叙事多了，但语言却追求省略。大概上古淳朴，人事单纯，《尚书》可以少记事；后来社会繁复，《春秋》不能不多记事，便只好在语言上省略。这是前后的不同变化。但是，文字简约，含义丰富，这样的著作始终应该是最美的。

刘大櫆① 论简

文贵简。凡文，笔老②则简，意真则简，辞切③则简，理当则简，味淡则简，气蕴④则简，品贵⑤则简，神远而含藏不尽则简。故简为文章尽境。（刘大櫆《论文偶记》）

①刘大櫆，清代桐城派散文家，所著《论文偶记》是一部探讨散文写作艺术的论文集。②笔老：笔法老练。③辞切：言辞准确切要。④气蕴：文气含蓄深厚。⑤品贵：文风庄重。

文本大意 文章贵在简洁。所有文章，笔法老练就会简洁，情意真切就会简洁，言辞准确就会简洁，理直气壮就会简洁，平实自然就会简洁，含蓄深厚就会简洁，文风庄重就会简洁，神意悠远含蓄不尽就会简洁。所以，简洁是文章的最高境界。

《 名言 》

◎曲则全，枉则直，洼则盈，敝则新，少则得，多则惑。是以圣人抱一为天下式。（春秋·老子）

◎礼，与其奢也，宁俭。（春秋·孔子）

◎以约失之者鲜矣。（春秋·孔子）

◎一箪食，一瓢饮，在陋巷，人不堪其忧，回也不改其乐。（春秋·孔子）

◎辞达而已矣。（春秋·孔子）

◎五色令人目盲，五音令人耳聋，五味令人口爽。（春秋·老子）

◎奢则不孙（同"逊"，恭顺），俭则固（鄙陋、寒酸）。与其不孙也，宁固。（春秋·孔子）

◎易简而天下之理得矣。（《周易·系辞传》）

◎朴素而天下莫能与之争。（战国·庄子）

◎简之时义大矣哉！（唐·刘知几）

◎文贵简。（清·刘大櫆）

《 成语 》

◎政简刑清：法令清简，风清气正，社会安定。常用来称道地方官政绩。

◎以简驭繁：用简捷的方法来处理复杂纷繁的事物。

◎简明扼要：简单明了，要点突出。

◎删繁就简：删除繁杂部分，趋于简单明了。

◎要言不烦：行文说话简明扼要，不烦琐。

◎栖冲业简：安于淡泊简朴的生活。

第4课

辩证思维：依存变化的观点与逆向思维

> 辩证思维：是指以变化发展的观点来认识事物的思维方式，强调以普遍联系的观点、发展变化的观点和对立统一的观点去观察和认识事物。

老子对辩证思维情有独钟

道家有两则很有名的寓言故事，一则是"齿亡舌存"。据汉代刘向编写的《说苑》一书记载，老子的老师常枞（cōng）已垂垂老矣，重病在床，老子赶去看望他，见老师快要不久于人世了，难免伤心，便问："先生您怕是要驾鹤西归了，还有什么临终教训要教导学生吗？"常枞告诉他，在经过高大的乔木时要小步而行，老子明白这是老师教他要敬老尊贤。老子接着问："还有什么最要紧的要告诉我吗？"这时，常枞喘了一口气，慢慢张开自己的嘴巴，问道："你看我的舌头还在吗？"老子说："在呀。"老师又问："那你看我的牙齿呢？"老子当然知道，老师早就一颗牙齿也没有了。老师问："你知道这是为什么吗？"老子想了想，忽然明白，舌头还能存在，是因为它柔软，牙齿之所以全掉了，是因为它太刚强。这让老子明白，世事无绝对，并非刚强的一定就强大，柔软的一定就弱小，强与弱是相对的，而且也是可以相互转化的。

另一则大家最熟悉的故事是"塞翁失马"，出自汉代淮南王刘安及其门客编写的道家著作《淮南子》，表达的亦是一种福祸相互转化的意思，诠释的是老子"祸兮福之所倚，福兮祸之所伏"的观点。

翻开《老子》五千言，你会发现，几乎无处不体现这种辩证的思维。

在老子看来，事物之间是有普遍联系的，万事万物都在与其对立面相互依存、相互转化，"有无相生，难易相成，长短相形，高下相盈，音声相和，前后相随"，"天下皆知美之为美，斯恶已；皆知善之为善，斯不善已"（《老子》第二章）。

事物的转化是一个量的积累过程："天下难事必作于易，天下大事必作于细。"（《老子》第六十三章）"合抱之木，生于毫末；九层之台，起于累土；千里之行，始于足下。"（《老子》第六十四章）

他认为物极必反："物壮则老。"（《老子》第五十五章）"兵强则灭，木强则折。"（《老子》第七十六章）"甚爱必大费，多藏必厚亡。"（《老子》第

四十四章）

　　他善于从反面思考和解决问题，从而提出了"反者道之动"的逆向思维方式，他认为，"曲则全，枉则直，洼则盈，敝则新，少则得，多则惑"（《老子》第二十二章）。所以他提出了一些奇招，如无为而无不为、柔弱胜刚强、不争而善胜、以退为进、欲取姑与，等等。

　　后来道家的庄子、列子，都是极富辩证思维的。

儒家对辩证思维的新贡献

　　道家讲辩证，儒家也如此。儒家的中庸思想就含有浓厚的辩证思维色彩，而其"和而不同"的思想，更是一种典型的辩证思维。此外如孔子倡导的"因材施教""教学相长"的教育理念，"欲速则不达"（《论语·子路》），"温而厉，威而不猛，恭而安"（《论语·述而》），"文质彬彬"（《论语·雍也》）等论述，都含有浓厚的辩证思维色彩。

　　也许道家对人的主观能动性重视不够，儒家却特别重视人的主观能动性，"自强不息"，就是儒家的观念。儒家在重视主观能动性的同时，还特别重视环境的作用，孟母三迁的故事大家都耳熟能详。

　　《孟子》里面还有一篇《一傅众咻》：有个楚国大夫想让他儿子学会说齐国话，便找了一个齐国人来教他，但由于孩子一直用楚语与周围人交谈，怎么也学不会齐语，即使天天被鞭子抽打，也还是无济于事。后来，这个大夫把儿子带到齐人聚居的地方，孩子很快就学会了齐语。反过来，如果再让他说楚国话，即使天天鞭打他，他反倒又不会说了。既重视主观能动性，又强调环境的反作用，这恐怕是儒家在辩证思维上的新贡献。

　　而主要属于儒家又融入道家思想的《周易》，其辩证思维体现得尤为充分。《周易》有两个核心思想：

一是变的思想。所谓"易有三义:变易、简易、不易"。"易",首先是"变易",但是变中有不变。八卦就是通过最简单的阴阳两爻的变化演化为64卦,而64卦又含有384爻,而在实际的占卜中,每卦的卦爻又可能产生阴阳的反转,于是便形成了几乎无穷的变数。但是,无论怎么变,其基本的义理,其基本的思想没有变。

二是对立统一的思想。卦的基本概念就是阴阳,整个64卦、384爻产生的无穷变数,全是基于阴阳两爻。《周易·系辞传》说:"一阴一阳之谓道,继之者善也,成之者性也。"所谓"阴阳合德而刚柔有体",所谓"刚柔相摩,八卦相荡","刚柔相推而生变化",其基本思想就是阴阳两极的相辅相成、相生相克和相互转化。

法家兵家杂家其实也辩证

先秦其他诸子也同样具有辩证的观念,像韩非子,他在寓言《自相矛盾》中正式提出了"矛盾"一词,揭示出事物之间的对立统一。

《吕氏春秋》也同样充满辩证观念。在其《察今》篇中,有两篇很有名的寓言故事,一篇是大家非常熟悉的《刻舟求剑》,另一篇是《荆人袭宋》。《荆人袭宋》说的是楚国人想偷袭宋国,便提前派人测量滩水的深度,并逐段做好水深的标记。没想到,行动的那天傍晚,滩水突然猛涨。楚国人不知道,仍旧在深更半夜按照原先设下的标志开始偷渡。结果,一千多名士兵全部被激流卷走,楚军惊恐万状。作者说完这个故事后总结道:"向其先表之时,可导也;今水已变而益多矣,荆人尚犹循表而导之,此其所以败也。"以前他们做标记的时候,标记是可以引导涉水的,但后来水位已发生了变化,楚国人还是按原来的标记涉水渡河,这怎么能不失败呢?

《察今》一文就是用《刻舟求剑》和《荆人袭宋》这两篇故事来说

明不能盲目效法古代帝王的法令制度，"凡先王之法，有要于时也。时不与法俱在，法虽今而在，犹若不可法。故释先王之成法，而法其所以为法"。意思是说，凡是先王的法令制度，都是切合时代的需要的。过去的时代不能与法令制度的条文一同保存下来；即使能把古代的法令制度保存下来，还是不能取法它。因此要抛弃先王现成的法令制度，而取法他制定法令制度的根据。这里实际上已含有"实事求是""与时俱进"的思想了。

古代兵家在辩证思维上几乎与道家如出一辙，以致有人认为《老子》就是一本兵书。老子说"兵强则灭，木强则折"，"善为士者不武"，"祸莫大于轻敌"。而兵家的《孙子兵法》十三篇，每一篇都渗透着辩证的思想，如"不战而屈人之兵"（《谋攻》），如"避实击虚"（《虚实》），"以逸待劳"（《军争》），"出奇制胜"，"死而复生"（《势篇》），"陷之死地而后生"（《九地》），等等，这些思想，与老子"不谋而合"还是"有谋而合"呢？

辩证思维的渗透与影响

辩证思维渗透到了中华文化的方方面面，渗透到了中国人的骨子里。辩证思维渗透最深的是中医领域。中医用阴阳五行观念构筑起整个理论大厦，其基本理论主要是三点：一是认为人体自身各部分与自然、社会环境息息相关，这是人体与环境的联系观和整体观；二是其阴阳观念，具体表现为阴阳对立、阴阳制约、阴阳消长、阴阳转化、阴阳平衡的观点；三是金木水火土五行相生相克的基本理论。这三大理论无疑既继承了儒家的中庸思想、道家的联系的观点和整体观以及《周易》的阴阳观念，更将其糅合成一个整体，形成了最具辩证特色的中医文化。

这些观念，无疑影响了中国的艺术、文学乃至武术，像太极拳的虚实、以柔克刚，都是这种辩证意识的体现。

所以，著名汉学家李约瑟说："当希腊人和印度人很早就仔细地考虑形式逻辑的时候，中国人则一直倾向于发展辩证逻辑。"

当然，学习古人的辩证思维，也要注意防止所谓"相对主义"，就是片面地夸大事物性质的相对性，抹杀事物确定的规定性，取消事物之间的界限，这可能导致诡辩、取消真理。所以，我们在学习辩证思维的过程中，主要是学习其整体的观点、联系的观点、发展变化的观点。

 撷 英 掇 华

《原典》

老子论辩证思维

曲则全，枉则直，洼则盈，敝①则新，少则得，多则惑。是以圣人抱一为天下式②。不自见③，故明；不自是，故彰；不自伐，故有功；不自矜④，故长。夫唯不争，故天下莫能与之争。古之所谓"曲则全"者，岂虚言哉！诚全而归之。（《老子》第二十二章）

将欲歙⑤之，必固张之；将欲弱之，必固强之；将欲废之，必固兴之；将欲取之，必固⑥与之。是谓微明⑦。柔胜刚，弱胜强。鱼不可脱于渊，邦之利器，不可以示人。（《老子》第三十六章）

其政闷闷，其民淳淳；其政察察，其民缺缺⑧。祸兮福之所倚，福兮祸之所伏。孰知其极？其无正也⑨。正复为奇⑩，善复为妖。人之迷，其日固久⑪。是以圣人方而不割⑫，廉而不刿⑬，直而不肆，光而不耀。（《老子》第五十八章）

①敝：凋敝破旧。②抱：守。一：即"道"。式：范式、法则。③自见：自

我表现。④伐、矜：都是夸耀的意思。⑤歙（xī）：敛，合。⑥固：通"姑"，暂且，姑且。⑦微明：微妙的先兆。⑧闷闷：昏昧浑噩，此指宽厚；察察：明察秋毫状；缺缺：狡诈。⑨极：法则。无正：指没有绝对不变的正面，也就是说正面与反面会互相转化。⑩奇：奇异，诡诈。⑪人之迷，其日固久：人们的迷惑太久了。⑫方而不割：方正但不会割伤人。⑬廉：有棱角，方正；刿（guì）：割伤，伤害。

文本大意 委曲反而能保全，弯曲反而易伸直；低洼反而易充盈，陈旧反而会更新；少取反而能获得，太多反而易迷惑。所以圣人坚守"道"作为天下事理的典范，不自我表扬，所以能心明眼亮；不自以为是，所以能头脑清醒；不自我夸耀，所以能有所成；不自高自大，所以才能长久。正因为不与人争，所以遍天下没有人能与他争。古时所谓"委曲便会保全"的话，怎么会是空话呢？它是实实在在能够实现的。

想要收敛它，必先扩张它，想要削弱它，必先加强它，想要废去它，必先抬举它，想要夺取它，必先给予它。这就叫微妙的先兆，柔弱战胜刚强。鱼儿离不开池渊，国家的刑法政教不可以向人炫耀。

国家政治清静无为，它的人民就会淳厚纯朴；国家政治苛察精明，它的人民反而权诈狡猾。灾祸正是幸福所依附的地方，幸福正是祸患所潜伏的地方。是怎么知道这个原则的呢？因为这世上没有绝对不变的正面的东西，正面会变成奇异诡诈，善良会变成妖媚邪祟。人们的迷惑太久了。因此圣人方正但不割伤人，有棱角但不刺伤人，直率但不对人放肆，有光辉但不耀人眼目。

名言

◎有无相生，难易相成，长短相形。（春秋·老子）

◎曲则全，枉则直。（春秋·老子）

◎将欲取之，必固与之。（春秋·老子）

◎祸兮福之所倚，福兮祸之所伏。（春秋·老子）

◎反者道之动。（春秋·老子）

◎大音希声，大象无形。（春秋·老子）

◎大巧若拙。（春秋·老子）

◎合抱之木，生于毫末；九层之台，起于累土；千里之行，始于足下。（春秋·老子）

◎信言不美，美言不信。善言不辩，辩言不善。知（同"智"）者不博，博者不知。（春秋·老子）

◎穷则变，变则通，通则久。（《周易·系辞》）

成语

◎大智若愚：真有才智者表面似乎愚笨。不可依据表面现象判断。

◎以柔克刚：柔软的去克制刚强的。说明刚柔可以互相转化。

◎唇齿相依：嘴唇和牙齿互相依靠。比喻双方关系密切，相互依存。

◎物极必反：事物发展到极端，会向相反方向转化。

◎过犹不及：事情做得过头，就跟做得不够一样，都是不合适的。

◎新陈代谢：新事物代替旧事物。这是事物发展的必然规律。

第 5 课

直觉意会：直达本质的致思途径

> 直觉，指不受某种固定的逻辑规则约束而直接领悟事物本质。意会，指不经语言明说而内心领会。

庄子寓言的深层意蕴

　　大家应该都熟悉庄子的《庖丁解牛》。庖丁是文惠君的一个大厨，最擅长解牛，他用一把刀宰杀了几千头牛，竟然二十年没有磨过刀，刀刃像刚刚从磨刀石上磨过一样，没有任何缺损和卷曲。而他宰牛时，声音就像名曲那么悠扬动听，动作就像优美的舞蹈那么富有节奏。这技艺可以说是已臻化境了。问庖丁解牛的经验，他竟然说是"以神遇而不以目视""官知止而神欲行"，纯粹凭借一种心灵直觉。他不用眼睛看，在这一过程中如果用眼睛看到或者用触觉感知到反而会不行，会遇到筋骨。他的"神"，也就是他的直觉却在引导着他的刀顺畅地游走在肌肉与筋骨的缝隙之间，即所谓的"游刃有余"。庖丁解牛，将直觉运用到了极限。

　　《庄子》中还有一个耐人寻味的故事，说的是当年黄帝在赤水、昆仑山一带游历，在回来的路上，丢失了一粒"玄珠"。他先后派了"知""离朱""喫（chī）诟"三个手下去找，都没找到。最后派了一个叫"象罔"的去找，结果找到了。事后黄帝提了一个问题："好奇怪啊，其他人都找不到，怎么只有象罔可以找得到呢？"

　　这是一则寓言，语言很有玄机。要明白其中的奥秘，关键是要注意里面的五个名词。遗失的"玄珠"，字面意思是玄奥之珠。"珠"前面加个"玄奥"，实际是比喻玄奥的"道"。黄帝要找的不是普通的珠子，而是深奥的大道。

　　首先派的三个人，第一个叫"知"，就是"智"，这是一个智者，一个聪明人，一个善于推理的人。第二个叫"离朱"。"离"的意思是"辨别"，如"离经辨志"；"朱"，本义是红色，这里用来指代视觉观察的对象，所以"离朱"的含义是"善于明察"的意思。第三个人叫"喫诟"。"喫"的意思除了"吃"之外，还一个意思是"辩论"；"诟"的本义是"骂"，这里指争辩。"喫诟"就是能言善辩者。最后找到了玄珠的人叫"象罔"。"象"指形，"罔"则指"无"或"忘"，因而"象罔"

中国智慧
写给中学生的18堂国学哲思课

之名寓含无形无迹、无智无视的意思。很明显，在这里，庄子的意思是：大道不是靠推理、不是靠观察、不是靠语言能获得的，道是无形无迹的，你要获得它，必须无智无视，靠你的心也就是直觉意会去感悟。

禅与儒的直觉意会

"拈花一笑"，是禅宗第一公案。据《五灯会元·七佛·释迦牟尼佛》记载："世尊在灵山会上拈花示众。是时众皆默然，唯迦叶尊者破颜微笑。世尊曰：'吾有正法眼藏，涅槃妙心，实相无相，微妙法门，不立文字，教外别传，付嘱摩诃迦叶。'"

释迦牟尼石雕像（5世纪后期，印度鹿野苑博物馆藏）

故事讲的是，有一次大梵天王在灵鹫山上请佛祖释迦牟尼说法。在法会开始之前，举行了隆重的献花典礼。大梵天王率领众信徒把一朵金婆罗花献给释迦牟尼，献花之后，大梵天王与信众们各自归座。佛祖拈起这朵金婆罗花，一句话也不说，但是意态很安详。这时大家不明就里，面面相觑，唯有佛祖的弟子摩诃迦叶破颜轻轻一笑，似乎颇有会心。

佛祖当即宣布："我有普照宇宙、包含万有的精深佛法，有超脱生死和轮回的奥妙心法，能够摆脱一切虚假表相修成正果，其中妙处难以言说。我以观察智，以心传心，于教外别传一宗，现在传给摩诃迦叶。"然后便将他自己所用的金缕袈裟和钵盂授与迦叶。在这里，佛祖与迦叶之间没有任何语言交流，只有简单的动作，但佛祖拈花，意态祥和、宁静、安闲，心境美妙，纯净无染，淡然豁达，无欲无贪，坦然自得，而迦叶尊者微微一笑，表明已心领神会。双方就在这"一拈一笑"中完成了佛法的传授。这是一种妙不可言的直觉意会。

当然，你会觉得，这是印度佛教，不能代表中国文化。不过，虽然这故事是印度佛教的故事，但对它最感兴趣的则是中国佛教的禅宗。这个故事便是禅宗"拈花一笑"和"衣钵真传"的典故。也正是因为迦叶尊者的拈花一笑，而被中国禅宗奉为"西天第一代祖师"。

禅宗看重的就是这种借助具体形象来象征、暗示的难以具体言状的思维方式与境界。所以，后来禅宗在传法过程中，形成了一种独有的传法方式，名为"公案"。所谓的禅宗公案，就是禅师在示法时，或用问答，或用动作，或二者兼用，来启迪众徒，以使顿悟，这些内容被记录下来，便是禅宗公案。

例如，有这么一则公案：僧问"如何是道"，师曰"太阳溢目，万里不挂片云"。僧问"如何得会"，师曰"清清之水，游鱼自迷"（《景德传灯录》）。这是唐代善会禅师在回答弟子的提问。弟子问什么是道，禅师说了一个比喻，弟子仍然犯糊涂，禅师又来一个比喻，意思是说，要靠你自己去领悟。师生之间像在打哑谜，全凭弟子悟性。《五灯会元》里有一句话说得明白："鸳鸯绣出从君看，不把金针度与人。"我们今天常说要把金针度与人，而禅宗却说不把金针度与人，也就是不能把道理说破，要让你自己凭直觉去意会。

在儒道佛三家中，可能有人会觉得儒家直觉意会的特色不怎么明显。其实不然。大家知道，儒家有"六经""十三经"之说，而被称为儒家群经之首的是《周易》。《周易》是怎么形成的呢？《周易》是先有八卦，由八卦变成六十四卦，慢慢演变，每卦有了卦辞，后来每卦的六爻又有了爻辞。

这一步步是怎么来的？先是画卦象，《周易·系辞》中关于八卦图形的形成过程有这样一段论述："古者包牺氏之王天下也，仰则观象于天，俯则观法于地，观鸟兽之文与地之宜，近取诸身，远取诸物，于是始作八卦，以通神明之德，以类万物之情。"

这就是一种"立象以尽意"的思维方式，其实质就是直觉意会的思维方式，其具体思维过程可以归纳为：观象——取象——比类——体道，即通过观察万物，体察其内在的精神，然后从万物的各种具体形象中抽取富有代表性的形象，形成符号系统，以此来类比各种事物之间的关系，显示道的精神和主体对道的认识。反过来，读八卦者，就是通过这种代表性的形象去体悟，去意会。而后来产生的卦辞和爻辞，也大多是通过一些具体的生活现象的描述，让人去体悟。这也仍然是一种直觉意会的思维方式。

直觉意会的文化探源

中国人怎么就这么钟情于这种并不怎么精确的思维方式呢？

首先可以追溯到老子。《老子》第一章就说："道可道，非常道。名可名，非常名。无，名天地之始；有，名万物之母。常无，欲以观其妙。常有，欲以观其徼。此两者，同出而异名，同谓之玄，玄之又玄，众妙之门。"这段话的大概意思是：可以说出来的道，不是真正的道，一切名词概念都不能真正揭示事物的本质，无，是天地的原始状态；有，是万物的根源。我们只有回归到永恒的"无"即原始的状态，才能体察道的微妙之处；从永恒的"有"即万物的根源，才能把握事物的界限。这一切都很玄妙。

理解这段话时，应该注意下面几层意思。一是，宇宙是一个不可分割的整体，人和物也是一个整体。庄子也曾说过："天地与我并生，万物与我为一。"二是，道和这个世界都是难以认识和把握的，是不可言说、不可捉摸的，所谓"大音希声，大象无形"，它太过于玄妙。三是，语言难以表达事物的本质。四是，既然作为认识主体的我与道、与自然是一体的，那么人只有回归到这"一体"之中，即回归原始的状态，才能体察道的微妙。

这不应该仅仅是老子的观点，而应该是老子对中国古人世界观的总结。孔子"不语怪力乱神"（《论语·述而》），子路曾经向孔子问鬼神之事，孔子的回答是："未能事人，焉能事鬼？"当子路问死生之事，孔子回答说："未知生，焉知死？"（《论语·先进》）中国人自觉不自觉地把微妙的认识对象、思维对象看成了近乎"黑箱"似的结构，从而不注重"是什么"和"为什么"的探讨，不大关心对象的内在结构。所以，从老子到孔子，直到宋明理学的宇宙模式，都缺乏对思维对象的内在结构做深入探求的强烈要求。

这更与中国历史演进的路径有关。据著名思想史家侯外庐先生研究，中国历史的演进走的是一条维新的路径。侯外庐先生说："……'亚细亚的古代'是由家族到国家，国家混合在家族里面，叫作社稷。因此前者（指希腊等古典的古代——引者注）是新陈代谢，新的冲破了旧的，这是革命的路线，后者却是新陈纠葛，旧的拖住了新的，这是维新的路线。前者是人惟求新，器亦求新，后者却是'人惟求旧，器惟求新'。"

是的，在告别蛮荒进入文明之际，我们的先祖不是用冰冷的理智来告别蛮荒，而是在理智中融汇热情，高倡天人合一；在用理性精神来告别神话时代、审视现实世界时，我们没有抛弃借形象以领悟世界真谛的方式，而是将理性与形象结合，以形悟理，以形示理。

所以，我们的思维方式是一种没有完全抛开形象，用具体的形象来进行抽象的思维方式。

一方面，古人重具象的意识十分自觉而又明确。在他们看来，书不尽言，言不尽意，抽象的语言不足以反映事物本质，因而"圣人立象以尽意"（《周易·系辞》）。当然，人类是离不开语言的，于是古人只

中国智慧
写给中学生的18堂国学哲思课

好尽量用语言中具象的词语来表情达意，因而中国古籍中抽象的用词很少。

另一方面，我们在重视具象的同时，又十分重视抽象。中国人正是立足于高度抽象才重视具象的，"言不尽意"之"意"，其实质当指对事物的抽象，抽象的言辞不能达到真正的抽象，只好回过头来通过具象来抽象，于是才有所谓"立象以尽意"。古人认为"尽意莫若象"，因而"象者所以存意"（王弼《周易略例·明象》）。重具象是为了抽象，汉民族传统思维的根本着眼点就是抽象！一面极重具象，一面又极重抽象，就是这具象与抽象构成了汉民族传统思维的二律背反的张力结构。

如果可以把思维结构分为内外两个层次，即表层结构（思维的外在形式）和深层结构（思维的内核）的话，那么西方思维结构其表层和深层都是抽象的，其表层结构与深层结构同形同构，抽象对应，因而深澈见底，给人以明晰感。而汉民族传统思维的深层结构是抽象的，甚至比西方更抽象，但其表层结构则是具体的。怎样由表层的具象达到深层的抽象？方法便是直觉意会。

直觉意会的两重性

我们的思维不重演绎，我们注重客体对象的个体，而在对个体的考察中，又没有明显的归纳过程。一方面要在极短的时间内通过联想对所观照的事物做快速归纳，形成初步的具象概念和虚拟模型；另一方面，又要将这初步的具象概念和虚拟模型迅速泛化，融入相关的事物，才能形成具象抽象的有机统一体。这样，我们在认知的过程中，就要全身心地投入和体验，必须意象合一、理解观照合一、知情合一、身心合一，在"知""情""意"的一体化中实现意境的升华，完成主客体的彼此认同，完成抽象与具象的水乳交融，从而使主体沉浸于难以言喻的妙境中。

很明显，这种思维方式是一种艺术的思维方式。这种艺术性的思维方式对文化产生了深远的影响。

首先自然是对文学艺术的影响。宋代文学理论家严羽在《沧浪诗话》中倡导"妙悟"，认为诗歌应当"不涉理路，不落言筌"，要做到"羚羊挂角，无迹可求"；诗歌之美，在于"言有尽而意有余"。后来中国诗歌美学的"滋味"说、"性灵"说，都同审美直觉密切联系在一起。

直觉意会的思维方式，不仅影响了文学艺术，也影响了文化的其他方面，如禅宗的"不立文字，教外别传"，就是这种思维直接影响的结果。禅宗的出现是一个特异的事件，但又是一个必然的事件。其特异性在于，禅宗的缔造者慧能出身低微，家境贫穷，是个文盲，却缔造了禅宗这一最具中国特色的宗教，且成为无数文人学者大师崇拜的偶像。他创立的禅宗的南宗，是汉传佛教中国化最彻底的一个流派，也是中国佛教史上最伟大的成就，其思想对中国佛教史、文化史、思想史乃至日常生活的各方面都产生了重大影响。之所以说它是一个必然事件，是因为禅宗这种直觉意会的思维方式直接导源于中国传统文化，这也是目不识丁的慧能能缔造禅宗，或者说禅宗能选择慧能的深层次原因。

这种思维方式在逻辑上至少有两个缺陷。其一，由于客观世界具象的多样化，人们可以在同一抽象的深层结构内获得许多不同的具象的表层形态，这就使得中国人喜欢在同一层面上搬弄新名词（其实是一个概念，只是不同具象而已），不善于引申新概念，而在并列概念上做了许多无用功，甚至造成概念的混乱。正由于不善于引申新概念，演绎逻辑自然难以发达。其二，由于表层具象与深层抽象的非同构关系，无论对表层具象还是对深层抽象都难做精确的分析和实证，于是只能满足于抽象了事，玄而又玄，将归纳的过程遗落在思维结构的最底层而不自觉，使认知方式仿佛接近于直觉和意会。这就限制了归纳逻辑的发展。

不过，这种直觉意会的思维方式具有自由性、灵活性、自发性的特点，可以帮助人们迅速做出优化选择，帮助人们做出创造性的预见，尤其对于艺术创造乃至各种创造性活动，都具有不可估量的价值。但是，又由于它的偶然性、不可靠性等特点，从而使得思维的理性成分明显减弱。所以，冯友兰先生在《中国哲学与未来世界哲学》中说："未来世界哲学一定比中国传统哲学更理性一些，比西方传统哲学更神秘一些。只有理性主义和神秘主义的统一才能造就与整个未来世界相称的哲学。"

 撷 英 掇 华

《原典》

《庄子》论直觉意会

世之所贵道者，书也，书不过语，语有贵也。语之所贵者，意也，意有所随①。意之所随者，不可以言传也，而世因贵言传书②。世虽贵之，我犹不足贵也，为其贵非其贵③也。故视而可见者，形与色也；听而可闻者，名与声也。悲夫！世人以形色名声为足以得彼之情④。夫形色名声，果不足以得彼之情，则知者不言，言者不知，而世岂识之哉！

桓公⑤读书于堂上，轮扁斫轮⑥于堂下，释椎凿而上，问桓公曰："敢问：公之所读者何言邪？"公曰："圣人之言也。"曰："圣人在乎？"公曰："已死矣。"曰："然则君之所读者，古人之糟粕已夫！"桓公曰："寡人读书，轮人安得议乎！有说则可，无说则死！"轮扁曰："臣也以臣之事观之。斫轮，徐则甘而不固，疾则苦而不入⑦，不徐不疾，得之于手而应于心，口不能言，有数存焉于其间⑧。臣不能以喻⑨臣之子，臣之子亦不能受之于臣，是以行年七十而老斫轮。古之人与其不可传也死矣，然则君之所读者，古人之糟粕已夫！"（《庄子·天道》）

①意有所随：意义是有具体指向的。②贵言传书：看重语言，把它记录于书，传之后世。③为其贵非其贵：因为那被看重的并非真的珍贵。④情：真实情景。⑤桓公：齐桓公，姜姓，名小白。春秋五霸之首。⑥轮扁：造车轮的匠人，名扁。斫轮：砍削木材制作车轮。⑦徐：缓，指车轴孔过大。甘：滑动。疾：紧，指车轴孔过小。苦：滞涩，指安装不顺利。⑧数：同"术"，技艺。⑨喻：晓喻，说明。

文本大意 世人津津乐道的是书本，书本不过是语言，语言固然有它可贵之处。但语言可贵的是它的意义，意义是有具体指向的。意义所指向的具体的东西是不能用言语来传达的。可是世人因为看重语言于是便看重书本。世人认为书本可贵，可我还是不认为它有多珍贵，因为人们看重的并不是真正应该看重的东西。所以，可以看见的只是形和色，可以听见的只是名和声。可悲啊。世人认为从形色名声就可以得到事物的实情，就可以把握事物的本质。从形色名声的确不足以把握事物的实情与本质，于是真正知道的又不说，在那儿说的实际又并没有真的把握，世人又怎能从书本了解事物呢。

一天，齐桓公在堂上读书，轮扁在堂下砍削木材制作车轮，他放下工具走上堂问齐桓公："您读的是什么人的话呢？"桓公说："是圣人的话。"轮扁问："圣人还在吗？"桓公说："已经死了。"轮扁说："那么，您读的书不过是古人留下来的糟粕罢了。"桓公说："我读书，你这个做轮子的匠人怎能随便议论！说得出道理则罢了，说不出道理就处死！"轮扁说："我是凭自己的职业看出来的。砍削木材制作轮子时，如果轴孔过松，车轴就滑动而不牢固；过紧，车轴就装不进去。只有不松不紧，才能得心应手。心中有规律，口中说不出。我不能把这些道理明白地告诉我的儿子，我儿子也不能从我这里直接得到，所以我七十岁了还得制作车轮。古代的人和他们所不能言传的东西都死去了，这样说来，您所读的书，不过是古人留下的糟粕罢了！"

名言

◎道可道，非常道；名可名，非常名。（春秋·老子）

◎可传而不可受，可见而不可得。（战国·庄子）

◎知者不言，言者不知。（战国·庄子）

◎得之于手而应之于心。（战国·庄子）

◎清清之水，游鱼自迷。（唐·善会禅师）

◎鸳鸯绣出从君看，不把金针度与人。(宋·释师观)

◎不涉理路，不落言筌(同"诠"，解释)。(宋·严羽)

◎羚羊挂角，无迹可求。(宋·严羽)

成语

◎心领神会：不用明说，心里领悟其中的意思。

◎不可言喻：不能用语言来说明白。

◎不可名状：无法用语言来形容。

◎只可意会：道理奥妙，难以说明，只能靠个人去领悟。

◎得意忘言：言辞只为达意，既然已经达意，就不再需要言辞。后指彼此心里知道，不用明说。

◎拈花微笑：原为佛家语，比喻顿悟禅理。后比喻彼此心意一致。

第 6 课

知行合一：文化的实践理性

知行合一：认识事物的道理与努力践行之，两者是不可分割的。语出王阳明《传习录》卷上："只说一个知，已自有行在；只说一个行，已自有知在。古人所以既说一个知，又说一个行者，只为世间有一种人懵懵懂懂的任意去做，全不解思惟省察也，只是个冥行妄作，所以必说个知，方才行得……某今说个知行合一，正是对病的药。"

被毛泽东称为"伟大的人民教育家"的现代著名教育家陶行知先生，原本不叫"行知"，而名"文濬"。1910年，十九岁的陶文濬考入南京金陵大学，在校期间，他开始研究王阳明的《传习录》，深受王阳明"知行合一"思想的影响，立志一生以"知行合一"为信条，便将自己的笔名取为"陶知行"。四十三岁时，他在《生活教育》上发表《行知行》一文，认为"行是知之始，知是行之成"，并正式将本名改为陶行知。他一生倡导"生活即教育""社会即学校""教学做合一"三大主张，以知行合一作为他教育理念的核心，并终身实践之。

陶行知先生终身信奉知行合一，习近平总书记在他的讲话中也多次强调传统文化中的"知行合一"。

古今完人王阳明

"知行合一"是明代王守仁提出的哲学主张，意思是，认识事物的道理与实行其事是密不可分的一回事。

王守仁是明代著名思想家、文学家、军事家，精通儒学、佛学、道家学术。他是集"立德、立功、立言""三不朽"于一身的明代大儒，被称为"古今完人"。他是陆王心学的集大成者，其思想体系被称为王学，一生门徒甚多，影响甚广。尤其他的"知行合一"思想在明中后期有着巨大的影响，著名政治人物徐阶、张居正都是这一学说的忠实信徒，明中后期的异端史学、文学思想始发于此，明末清初的思想解放潮流也与之有很大关联。在东南亚，

王阳明像

"知行合一"思想也有着广泛的影响。

王守仁出生于浙江余姚，其父王华是明代状元，是个大学者，曾担任翰林院修撰，是明孝宗皇帝的老师。相传，王华家教极严，王守仁少年时聪明好学，学文习武，非常用功，但也曾一度沉迷于下棋，往往因此耽误功课。其父恨其屡教不改，一气之下，将棋投入河中。这让年幼的王守仁备受震动，当即赋诗一首以明志："象棋终日乐悠悠，苦被严亲一旦丢。兵卒坠河皆不救，将军溺水一齐休。马行千里随波去，象入三川逐浪游。炮响一声天地震，忽然惊起卧龙愁。"

此后，王守仁一心想要如诸葛卧龙一般成就一番伟业，便潜心学习，终于学业精进，不仅精通儒学，还苦修武学，精练骑射，钻研兵法。他弯弓射箭，百发百中，成为文武全才，为其日后倡导"知行合一"打下了坚实的学业基础。他于二十七岁考取进士，授兵部主事。但三年之后，突患肺病，以病告归，结庐于会稽山龙瑞宫旁之阳明洞，自号阳明子，学者称之为阳明先生，亦称王阳明。

龙场悟道立心学

王阳明病愈复职后，在他三十五岁那年（1506年），宦官刘瑾擅权，王阳明上奏折反对刘瑾，被廷杖四十，贬为贵州龙场的驿丞（相当于县政府招待所主管）。在赴贬谪地途中，遭到刘瑾的刺客一路追杀，他逃至钱塘，假言投江而死，才暂时躲过一劫，于1508年（他三十七岁那年），到达被贬谪之地——贵州龙场。正是在龙场这个地方，演绎了著名的"龙场悟道"。

王阳明从幼年就深研儒学，崇拜朱熹，后来兼通道家和佛家学说，但是直到发配贵州龙场，其思想境界仍然停留在传统理学境界，他曾与友人傻傻地去格竹子，一格就是七天七夜，不仅毫无所获，还出现幻听幻视，以致胡思乱想；他曾沉迷于佛教和道教，三十岁的时候在会稽山"筑室阳明洞，行道引术"。虽然不久他就与佛道分道扬镳，开始在京城讲授儒家学说，但仍然没有摆脱朱熹"格物致知"的影响，也没有解决对朱熹"格物致知"的疑惑。

正是贵州这穷山僻壤的龙场，打开了王阳明通向"圣人"的智慧之门。

王阳明来到贵州龙场，没有了当年兵部主事的风光，有的只是磨难。龙场地处贵州西北万山丛棘之中，自然环境十分恶劣，蛇虺（huǐ）魍魉（wǎngliǎng）横行，蛊毒瘴疠遍地，且言语不通，只有中原的亡命之徒可通言语。

在这种恶劣的政治环境和自然环境下，他选择住在龙场山洞的石椁（guǒ，棺材外面套的大棺）之中，做好了随时死亡的准备。就是在这石椁之中，王阳明脑中万念齐来，不断进行自我反思和追问："圣人处此，更有何道？"要是圣人处于自己这样的状况，会怎样思考？怎样处理？怎样对待？他反复自问：自己矢志不移，追寻圣贤，错了吗？仗义执言，挺身而出，错了吗？他相信自己没有错，但是既然没有错，那上天为何要夺走我的荣华，羞辱我的尊严，使我至此山穷水尽的地步？就是这样的苦思冥想，使他突然于一天夜晚灵光一闪，长啸一声，明白了生命的至理，感到了生命的快感。他感到自己终于明白了"格物致知"的真谛，明白了"圣人之道，吾性自足，向之求理于事物者误也"，就是说：圣人的道理并不是要向外索求于事物，而是人本身就具备圣心，无须外求，从外部事物中求取道德之理是错误的。他觉察到了死亡只是生命过程中的一个环节，但是圣人之道实际存在于每一个人心中，只是大多数人没有觉察。

人的心灵状态决定了他的思考方式和处世方式，就像"感时花溅泪，恨别鸟惊心"，因心灵感伤，见花鸟也添悲伤；就像"疑邻窃斧"，既然心已生疑，自然觉得别人处处像盗贼。这就是著名的"龙场悟道"。王阳明的"心学"就此诞生，王阳明的知行合一思想就此产生。就是在这一年（1508年），三十七岁的王阳明在贵阳文明书院讲学，首次提出了他的知行合一学说。

知行合一求正解

实际上，龙场悟道是王阳明多年艰苦探索而一朝顿悟。他的探索过程有多重困惑。

一是对朱熹格物致知的困惑。他年轻时崇拜朱熹，信奉朱熹倡导的格物致知。在二十一岁那年与学友格竹，却什么也没有"格"到，甚至出现幻视幻听。至此，便觉得朱熹格物致知此路不通，便从潜心于程朱理学，而转向佛道，终究因不得其要，转入陆九渊的"心学"。

二是对道教的困惑。王阳明八岁即好神仙之说，三十岁于会稽山筑室阳明洞，留心道教的炼丹采药之术，但后来他发现万物皆有盛衰，肉体何能长生？像金丹派南五祖之一的白玉蟾也只活了四五十岁。同时，道教的无为出世，遗弃人伦物理，也令他困惑。

三是对佛学的困惑。王阳明于佛"最所崇信"，他的心学与禅学有许多相通之处。但是，他觉得佛学遗弃人伦物理，堕于虚空，只求个人解脱，不能兼济天下。

而最令王阳明多年来冥思苦想不得其解的问题是：王阳明时代，社会动荡，统治阶级面临言行不一、知行脱节的道德危机，社会矛盾突出，土地兼并严重，民不聊生，反叛不断，乱者四起。王阳明一直苦思破贼之策，但他认为"破山中贼易，破心中贼难"。

正是他的龙场悟道，让他终于找到了一个"破心中贼"的办法，那就是从根本上消除人们的"贼念"，做到"知行合一"。也正是龙场悟道，让他破解了儒道佛的诸多困惑。

王阳明提出的知行合一，是为了消除程朱理学以来一味强调知先行后而带来的知行脱节。

要理解王阳明的知行合一，先要理解这知行合一的"知"，指的不是我们今天讲的科学知识的"知"，而是道德认识，就是王阳明所说的"良知"，所以他的知行合一是就道德认识和道德实践而言的，跟我们今天所讲的理论联系实际，并不是一码事。

王阳明的知行合一，可以概括为两点：

一是"知行一体"。

在王阳明看来，道德实践，知行本为一体，并无先后之别，而是一体两面。他说，"未有知而不行者，知而不行只是未知"，就是说，说得头头是道，若不能落实于行动，说明你仍然是不知，说明你没有达到"真知"的境界，所以，他强调的道德认知，是真正的"知"，是能够体现为行动的"知"，因此，有"知"就应"行"。例如，知道应当孝悌却不能孝悌者，"知而不行"，根本就是"未知"。他认为"知是行之始，行是知之成"。当你有了某个意念，就意味着你的行动已经开始，若有不良念头产生，虽然未行，但已有了行的因素。同样，你的行为不只是行为，它是思想的实现，是在观念的指导下完成的，所以"行"也就是知，只不过是"知"最后形成阶段而已。所以他说："若会得时，只说一个知，已自有行在；只说一个行，已自有知在。"

二是"知行并重"。

不少人认为王阳明更看重"行"，其实是误解。他曾说："今人学问只因知行分作两件，故有一念发动，虽是不善，然却未曾行，便不去禁止。我今说个知行合一，正要人晓得一念发动处，便即是行了。发动处有不善，就将这不善的念克倒了，须要彻根彻底，不使那一念不善潜伏在胸中，此便是我立言宗旨。"恶念之生，并非只是一个念头，因为那已经就是"行"了，不善之念一闪便是行恶，必须立刻遏止，一旦有害人之念，就已害人，因为恶念就是恶行。可见他很重视"知"。但另一方面，他又认为心有善念，那还不叫行善，只有将善落实在行动上，那才叫行善。这又可见他十分重视"行"。

其实，他是从不同侧面来说的，从为善方面来说，有行才是知，即善念不等于善行，善行才是善念。所以，从善的角度，他更重视

"行"。从去恶方面来说，有不善之念便是行恶了，从恶的角度，他更重视"知"。因为王阳明提倡知行合一的根本目的，是为了克服"一念不善"，是为了"破心中贼"，从而做到去恶念（重"知"），行善行（重"行"）。

王阳明的伟大之处，是他真正做到了知行合一。一方面，其知行合一观的产生本身就是知行合一的结果，他对理学、佛学、道家学说等各门各派的理论有长期的精研，同时又有艰苦的实践磨炼和长期思索，他是在实践中完善心学和知行合一，并最终悟道的；另一方面，他在悟道以后的人生中，大部分时间都从事政务和军事活动，实践他的知行合一的主张，此后他经历了赣南任职剿匪以及最重要的平定宸濠之乱，使得他全面实现了"太上有立德，其次有立言，其次有立功"的"三不朽"，真正成为历史上少有的"古今完人"，真正实现了"圣贤"的理想。

实用理性为本源

知行合一观念的提出，是王阳明对中国文化的重要贡献，但也并非王阳明的突发奇想与瞬间顿悟，它是中国文化实用理性特征的自然结果。

李泽厚先生在《中国古代思想史论》中曾说："实用理性便是传统中国思想在自身性格上所具有的特色。先秦各家为寻求当时社会大变动的前景出路而授徒立说，使得从商周巫史文化中解放出来的理性，没有走向闲暇从容的抽象思辨之路（如希腊），也没有沉入厌弃人世的追求解脱之途（如印度），而是执着人间世道的实用探求。"

的确，中国文化以经世致用为重要特色，在讨论"经世致用"时会有详细阐述，这里只稍加说明。中国文化骨子里对于脱离实际的纯粹的知识学问是持反感态度的，我们"不狂暴，不玄想……重经验，好历史"，重视服务于现实生活的实用性学术，要求一切知识学问必须有益于国计民生。顾炎武甚至提出："凡文之不关乎六经之指、当世之务者，一切不为。"因此，我们不癫狂，也不会很浪漫，我们不颓废，更不会沉沦，我们不太喜欢思辨，不会沉溺于知识的推演，缺少理论建构的欲望，我们执着的是现实，是行动，我们是世界文化之林中的现实派、实务派、行动派、实践派。

当我们在反复申说知行合一的时候，你会发现，其主要意思实际是指向"行"的，因为，其一，王阳明提出知行合一的观念，主要是针对当时社会面临言行不一、知行脱节的道德危机。所谓言行不一，不是有行无言，而是有言无行，道德观念不能落实在日常的行为上。其二，人们平时强调知行合一时，实际也是针对言行脱节的现象。所以，知行合一的观念，一方面特别重视人们的日常行为，重视实际的应用，所谓听其言，观其行。另一方面，它隐含着这样的观点：如果你过分看重知识的推演、理论的建构，可能会招致知行合一论者的讥评。

这种实用理性，无疑具有十分重大的文化价值和历史价值，但它也具有文化的隐忧，这种文化隐忧将在后面的相关章节中具体分析。

 撷 英 掇 华

原典

王阳明《传习录》①论知行合一

（黄直②）问知行合一。先生曰："此须识我立言宗旨。今人学问只因知行分作两件，故有一念发动，虽是不善，然却未曾行，便不去禁止。我今说个知行合一，正要人晓得一念发动处，便即是行了。发动

处有不善，就将这不善的念克倒了，须要彻根彻底，不使那一念不善潜伏在胸中。此便是我立言宗旨。"（《传习录·黄直录》）

爱③因未会先生知行合一之训，与宗贤、惟贤④往复辩论，未能决。以问于先生。

先生曰："试举看。"

爱曰："如今人尽有知得父当孝、兄当弟⑤者，却不能孝、不能弟。便是知与行分明是两件。"

先生曰："此已被私欲隔断，不是知行的本体了。未有知而不行者。知而不行，只是未知。圣贤教人知行，正是要复那本体。不是着你只恁⑥的便罢。故《大学》指个真知行与人看，说'如好好色'，'如恶恶臭⑦'。见好色属知，好好色属行。只见那好色时已自好了，不是见了后又立个心去好，闻恶臭属知，恶恶臭属行。只闻那恶臭时已自恶了，不是闻了后别立个心去恶。如鼻塞人虽见恶臭在前，鼻中不曾闻得，便亦不甚恶。亦只是不曾知臭。就如称某人知孝、某人知弟，必是其人已曾行孝行弟……又如知痛，必已自痛了，方知痛。知寒，必已自寒了。知饥，必已自饥了。知行如何分得开？此便是知行的本体，不曾有私意隔断的。圣人教人，必要是如此，方可谓之知。不然，只是不曾知。此却是何等紧切着实的工（功）夫！如今苦苦定要说知行做两个，是甚么意？某要说做一个，是甚么意？若不知立言宗旨，只管说一个两个，亦有甚用？"（《传习录·徐爱录》）

①《传习录》是王阳明弟子对王阳明与弟子对话情况的记录，这里节选的分别是王阳明弟子徐爱、黄直记录的，所以分别称为《徐爱录》《黄直录》。录：记录。②黄直：王阳明弟子，明中期学者、诤臣。③爱：徐爱（1488~1518），浙江余杭人，王阳明妹夫，也是王阳明首席大弟子。曾任南京工部郎中。④宗贤、惟贤：王阳明弟子。⑤弟：通"悌"。⑥恁（nèn）：那样。⑦恶（wù）恶（è）臭（xiù）：讨厌不好的气味。

文本大意 本段主要讨论"知"与"行"是一码事还是两码事。王阳明的弟子们觉得，既然有人知道应该孝顺父母却不落实在行动上，就说明"知"和"行"是两码事。王阳明以喜好美色与讨厌不好的气味为例来说明"知"与"行"的关系。他说，看见美色属于"知"，喜好美色属于"行"，既然是"好美色"，说明见的同时就已经喜好了；同样，对于不好的气味，闻属于"知"，厌属于"行"，闻到不好的气味时就已经厌恶了。可见"知""行"是同时的，是一码事。就"孝悌"而言，只有表现在行动上才能说明某人"孝悌"，如果不能表现在行动上，就说明某人并不是真正的"知"。可见"知"与"行"是一码事。

名言

◎学而时习之，不亦说乎？（春秋·孔子）

◎知而弗为，莫如勿知。（春秋·孔子）

◎士虽有学，而行为本焉。（春秋·墨子）

◎道虽迩，不行不至；事虽小，不为不成。（战国·荀子）

◎临渊羡鱼，不如退而结网。（《淮南子》）

◎博学而不穷，笃行而不倦。（《礼记》）

◎知之愈明，则行之愈笃；行之愈笃，则知之益明。（宋·朱熹）

◎纸上得来终觉浅，绝知此事要躬行。（宋·陆游）

◎未有知而不行者。知而不行，只是未知。（明·王阳明）

◎知者行之始，行者知之成。（明·王阳明）

◎世事洞明皆学问，人情练达即文章。（清·曹雪芹）

成语

◎身体力行：努力实践，亲身体验。

◎言行一致：说的和做的完全一样。

◎博学笃行：广泛学习，努力践行。

◎表里如一：表面和内心都一样，形容言行和品质完全一致。

◎知易行难：明白事物的规律道理是一回事，能够做到做好是另外一回事。

第 7 课

立象尽意：偏爱具象的思维与表达

立象尽意，语出《周易·系辞》。子曰：
"书不尽言，言不尽意。……圣人立象以尽
意。"意思是言语不能完全表达人的心意，
圣人用形象来竭尽表达言语未能完全表达
的心意。

具象中国

读中西文章时，感觉最大的差异是：西方文章中的名词、概念接踵而至，虽然准确，却深奥难懂，令人头大；读中国文字，一个个鲜活的形象扑面而来，异彩纷呈，美则美矣，却是玄而又玄，不明所指。

的确，汉语有很强的具象性。例如国人喜用成语，中国的成语很多，而每一个成语几乎都有一个意象：褒义的如错彩镂金、小鸟依人、沉鱼落雁、高山流水、结草衔环、桃李不言、投桃报李、柳暗花明、游刃有余、满面春风、成竹在胸，贬义的如狼心狗肺、过街老鼠、草菅人命、揠苗助长、望梅止渴、指桑骂槐，中性的如瓜田李下、悬崖勒马、龙潭虎穴、如履薄冰、金蝉脱壳、暗送秋波、花枝招展，等等。

中国古籍抽象用词很少，古人谈诗论文，多是形象用语。例如唐代司空图《二十四诗品》谈诗之典雅："玉壶买春，赏雨茅屋。坐中佳士，左右修竹。白云初晴，幽鸟相逐。眠琴绿阴，上有飞瀑。落花无言，人淡如菊。书之岁华，其曰可读。"什么是典雅？他告诉你没有？没有，他只是描绘了一系列形象。你明白没有？说不清楚，但似乎又明白了什么。

这是唐人。看看过了六七百年后的明代人吧。谢榛在《四溟诗话》中说："熟读初唐盛唐诸家所作，有雄浑如大海奔涛，秀拔如孤峰峭壁，壮丽如层楼叠阁，古雅如瑶瑟朱弦，老健如朔漠横雕，清逸如九皋鸣鹤，明净如乱山积雪，高远如长空片云，芳润如露蕙春兰，奇绝如鲸波蜃气，此见诸家所养之不同也。"读这段文字时，你的心中的确会生出美感，但到底什么是文章的秀拔，什么是文风的壮丽？初入文坛者，真是不明所以。

中国文学理论构建起了一个由比兴、讽喻、寄托、意象、意境、境界以及滋味、风骨、气韵、神韵等形象构成的理论大厦，不懂这些形象，你只能望而却步；而在读具体作品时，大量的文化意象，诸如香草美人、梅莲菊竹、柳絮飘萍、南山明月，你更不能不懂。

这是文学，看看佛学吧。禅宗喜谈机锋，实际就是不告诉你答案，让你在具体形象事件中去领悟。如《五灯会元》记载"龙潭吹烛"的公案：德山禅师去拜会龙潭崇信禅师，到了龙潭的法堂，住了一段时间。一天晚上，德山侍立一旁，龙潭禅师问他为什么这么晚了还不走，德山出去后又返回来，说外面太黑。龙潭将蜡烛点燃递给德山，当德山伸手去接时，龙潭竟然将蜡烛吹灭。此时德山纳身便拜，因为他已顿悟佛法。什么也没说，但就在这点烛吹烛的具体行为之间，双方完成了佛法的交流传递。

读中国文化，你就要有这种透过具象去领悟精神的本领。

国人善于具象概括，发明了许多具象概念，如"气""阴阳""五行""和""同""一""两"等重要的哲学范畴。道家的"道"似乎脱离了具象性，而其实它是由"线"演变而来的。理学家的"理"，似与具象不沾边，但理学家总是将"理"和"气"关联在一起，以"气"为基础来构筑其理论大厦，实际上是把"理"具象化了。"太极"一词，由气而来，古人还嫌其不具象化，到理学家那里，竟给它画出了"太极图"。

太极图

再如中医。中医形成了一整套藏象理论。但中医藏象的对象并非人体内脏的真实结构与性质，所谓心肝脾肺肾，完全是虚拟的形象：心为神之舍、血之主、脉之宗，在五行属火；肺为魄之处、气之主，在五行属金；脾为气血生化之源、后天之本，藏意，在五行属土；肝为魂之处、血之藏、筋之宗，在五行属木，主升主动；肾为先天之本，藏志，腰为肾之府，在五行属水。中医正是通过这整套虚拟具象将人体的结构、功能及生理病理进行玄而又玄的高度抽象。只有进入这个虚拟具象系统，才能弄懂其中的意味。

即使是最为抽象的数学，在中国也很少使用抽象概念，而是通过"算筹"的形式将其具象化了。《九章算术》中关于形的命名，基本上是象形命名。据统计，《九章算术》及刘徽所用数学概念，具象用词近90%，而剩下10%的抽象用词，也大多借用具象词。秦汉以后的其他数学著作也大致如此。

总之，儒家比类直觉，道家意会直觉，禅宗顿悟直觉；《周易》有卦象、易象，道家有道象，中医有藏象，文学有意象。总之，一切不离"象"。

具象探源

国人喜具象的源头首先要追溯到八卦和《周易》。

八卦据传是三皇五帝之首的伏羲所创。古代有伏羲"一画开天"的传说，是说伏羲氏在今甘肃天水的卦台山，时常盘坐山巅，仰观日月星辰，俯察山川地理，苦思宇宙奥秘，终于有一天，一声巨响，对岸山脉中开，龙马振翼而出，直落河中分心石上。伏羲由此顿悟，天地奥秘原来如此简单，无非阴阳而已，于是画出了"—"代表阳，画出"--"代表阴，并用这阴阳二线变化组合成八种不同形式，就是"八卦"。

当然这是神话传说，也许这一虚一实两条线，只是华夏文明之初两条普通的线条而已，每个文明的发端，可能都有这两条线。问题的关键在于，我们的先民特别看重它，并在其上寄托了"阴阳"的文化密码，顺着这两条线画出了"八卦"，以表示八种不同的现实图形：天（乾）、地（坤）、山（艮）、雷（震）、火（离）、水（坎）、泽（兑）、风（巽）。后来周文王（或曰伏羲，或曰神农，或曰夏禹）将这八种图形演绎成六十四种图形，即六十四重卦。

可见，八卦与易的本质就是"象"，卦象固然是"象"，卦辞和爻辞，也从卦象而来，并且每个卦爻辞或者在讲故事，如《乾》卦就是龙的成长发展故事，《师》卦就是行军打仗的故事，《归妹》卦就是女子出嫁的故事；或者描绘场景，《屯》卦描绘抢婚的情景，《渐》卦描写大雁从水边飞到山顶的场景。所以，《系辞传》说："易者，象也。象也者，像也。"《周易》字字都是在阐发"象"的思想，句句都是在解读"象"的观念，读《周易》就是读"象"，正是《周易》奠定了华夏文化具象化的基础。

其次，当然更要追溯到先民们"天人合一"的宇宙观。

我们的古人自觉不自觉地把思维对象看成了近乎"黑箱"似的结构，从而不注重"是什么"和"为什么"的探讨，不大关心对象的内在结构。《老子》开篇就说："道可道，非常道，名可名，非常名。"对象的内在结构难以把握，这是老子的立论基础，进而他提出"大音希声、大象无形"。孔子则是"不语怪力乱神"，"未知生，焉知死"。庄子明确提出："道不可闻，闻而非也；道不可见，见而非也；道不可言，言而非也。"

后来宋明理学的宇宙模式，也都缺乏对思维对象内在结构做深入探求的强烈要求。同样，阴阳、八卦、气、道，本质上都不是对客体内在结构的探讨。中国人对人性的探讨，有性善、性恶、性善恶混（扬雄）、性三品（董仲舒、韩愈）、复性（李翱）、性无善恶等多种说法，但就是不讲人是什么。中国美学很少研究"美是什么"，而喜欢描述作品的风格特点。

一切都是黑箱式的结构。怎么办？不急，智慧的先民发明了"天人合一"。他们认为天人是同源同构的，人和自然是同形同构的，老子说，"道生一，一生二，二生三，三生万物"。庄子说，"天地与我并生，而万物与我为一"。既然天人同构，我们虽然无法深入到它的内部结构，但是天有形象啊，"在天成象，在地成形，变化见矣"（《周易·系辞传》），看到它的形象，去模拟它的样子不就成了？所以由天人同源同构，理所当然就产生了"道法自然"。《左传》就曾提到"天地之经，而民实则（效法）之"。

我们的先民走了一条具象模拟的道路。他们在日常感知的基础上，通过对若干事物功能属性的经验归纳和直觉意会，再加以适当联想、想象，提出一种能模拟若干事物动态功能属性的模型（即"象"），然后将这想象模型加以广泛推广，以模型对有关事物进行类比、类推。这是一种通过具象来进行抽象的思维方式，可以称之为"具象的抽象"。

八卦便是古代圣人"仰则观象于天，俯则观法于地"，"近取诸身，远取诸物"，提出八种具象事物来模拟天下万事万物。如《乾》卦的卦爻辞，生动地描写出龙曲折的生命轨迹，以此来模拟人的生命轨迹或事物曲折前行的进程；如《坤》卦，就是在引导人们效法大地的品性，所谓"地势坤，君子以厚德载物"；如《震》卦，即是以雷声阵阵来警示君子修德自省。如老子的"上善若水""柔弱胜刚强"，江海下百川终成百谷王等，都取象自然。

像中医，不重解剖，不深入到人体内部，而是将人体作为一个典型的"黑箱"来模拟，以阴阳、五行、气等具象模型来建构其理论大厦。

第三，还要追溯到古人的语言观。

中国文化对语言的作用一直持保留态度。先民们一开始就认为，语言的表意功能十分有限。老子认为"道"没办法用语言说清。庄子进一步解释老子的这一思想，"可以言论者，物之粗也；可以意致者，物之精也"，"意之所随者，不可以言传也"。为此，他特地讲了一个"轮扁斫轮"的寓言：一个叫"扁"的善于斫轮的巧匠，七十多岁还不得不亲自劳作，因为他没有办法将自己的独门绝艺用语言教给自己的儿子。《周易·系辞传》的作者也持同样的观点，认为"书不尽言，言不尽意"。重视文化艺术的孔子也说："天何言哉？四时行焉，百物生焉，天何言哉？"可见，先秦哲人基本持"言不尽意"的观点。

言不尽意，怎么办？此时，天人合一的宇宙观发挥作用了。既然书不尽言，言不尽意，抽象的语言不足以反映事物本质，既然天人合一、天人同构，可以道法自然，何不借助天道自然的形象呢？所以"圣人立象以尽意"（《周易·系辞》），我们可以借自然的形象来表达言辞无法表达的心意。

于先秦开启大幕的"言意之辨"到魏晋南北朝形成高潮，当时主要产生了三派观点，一是欧阳建的"言尽意论"，认为语言可以充分表达思想；一是荀粲的"言不尽意论"，认为语言无法充分表达思想。这两派观点最终都没有产生重大影响。产生重大影响的是为《周易》作注的王弼的"立象尽意论"。王弼在他的《周易略例》中说："夫象者，出意者也。言者，明象者也。尽意莫若象，尽象莫若言。言生于象，故可寻言以观象。象生于意，故可寻象以观意。意以象尽，象以言著。"就是说，语言表达形象，形象表达意义，换言之，语言与意义的中介就是"象"，"象"成了语言表达意义的关键和核心。由此，从哲学和语言理论上奠定了"象"在中国语言、中国文化史上的独特地位。

第四，要追溯到汉字的发展道路。

文字产生于图画，文字产生之初，都应该是象形的，像埃及古文字、赫梯象形文、苏美尔文、古印度文，等等，都是从原始社会最简单的图画和花纹产生出来的。问题在于，在后续的发展中，绝大多数文字都走向了抽象的表音化道路，汉字却始终选择了其象形性。可能是八卦的具象思维尤其是《易传》对"易象"的阐释，影响了汉字的生成机制和发展机制，直接影响了中国表意符号的拓展，最终促使汉字朝着"观物取象，以象尽意"的方向发展。许慎在《说文解字序》中说："仓颉之初作书，盖依类象形。"汉字的生成与发展均以"象"为本位，通过隐喻，构成心物交融的表意之象（写意之象）。所以闻一多说："唯有象形的中国文字可直接展现绘画的美。"（《〈女神〉之地方色彩》）

埃及古文字

甲骨文

著名语言学家沃尔夫认为，一个人的思想形式是受他所意识不到的语言形式的那些不可抗拒的规律支配的……每一种语言都是一个庞大的形式体系，而每一个这样的形式体系又不同于其他的形式体系。在这样一个形式体系中的那些形式和范畴都是一种文化规定——人们不仅应用这些形式和范畴来交际，而且还应用它们来分析自然，来注意或忽视关于关系和现象的某些类型，来引导他的推理、建造他的意识大厦。此语并非全无道理。饶宗颐先生也说："造成中华文化核心的是汉字，而且成为中国精神文明的旗帜。"

天人合一的宇宙观，言不尽意、立象尽意的语言观，《周易》八卦的隐喻传统和汉字的象形性，多方合力，最终形成了中国文化具象的抽象思维方式和"观物取象、以象示意"的文化表达方式。

 撷英掇华

《原典》

圣人立象以尽意

子曰："书不尽言，言不尽意。"然则圣人之意，其不可见乎？子曰："圣人立象以尽意，设卦以尽情伪[①]，系辞[②]焉以尽其言。变而通之以尽利，鼓之舞之以尽神。"（《周易·系辞[③]》）

①情伪：真诚与虚伪。②系辞：意思是于卦爻之后系缀文辞以说明吉凶。③系辞：这里指《周易》中解释卦辞意义和卦象的文字。篇中引用了不少孔子的话。

文本大意 孔子说："书不能完全记述人所讲的话，言语不能完全表达人的心意。"那么圣人的心意，难道就不能被了解了吗？孔子说："圣人创立'象'来竭尽未能完全表达的心意，设置六十四卦以竭尽宇宙万事万物真假，再连缀上文辞，以尽其所未能表达的言语。又加以变化，融会贯通，来充分发挥它的作用，鼓励它，激扬它，以尽量表达其神奇奥妙之处。"

尽意莫若象

夫象者，出意者也；言者，明象者也。尽意莫若象，尽象莫若言。言生于象，故可以寻言以观象；象生于意，故可以寻象以观意。意以象尽，象以言著。故言者，所以明象，得象而忘言；象者，所以存意，得意而忘象。犹蹄①者所以在兔，得兔而忘蹄；筌②者所以在鱼，得鱼而忘筌也。然则，言者，象之蹄也；象者，意之筌也。是故，存言者，非得象者也；存象者，非得意者也。（《周易略例·明象》③）

①蹄：兔网，捕兔的工具。②筌：通"筌"，捕鱼的工具。③《周易略例》：三国时期经学家、哲学家王弼解释《周易》的著作。这段话本来是解释《周易》卦辞、卦象与卦义的关系的，也可以看作讨论语言、具象与意义的关系。其中心意思是，语言表达形象，形象表达意义，语言与意义的中介就是"象"，"象"成了语言表达意义的关键和核心。

文本大意 "象"是展现"意"的，"言"是明示"象"的。明示"意"，没有什么比"象"更好；展现"象"，没有什么比"言"更合适。"言"由"象"所生，因此就可以循着"言"来体察"象"；"象"是由"意"所生，因此就可以循着"象"来体悟"意"。"意"依靠"象"来展现，"象"依靠"言"来明示。

因此，"言"是用来说明"象"的，得到了"象"就不能再执着于"言"。"象"是用来展现"意"的，得到了"意"就不能再执着于"象"。这就像"蹄网"是用来捕捉兔子的，得到兔子就不能再执着于"蹄网"；"筌"是用来捕鱼的，得到鱼就不能再执着于"筌"。这样，"言"就是"象"的"蹄"；"象"就是"意"的"筌"。因此，执着于"言"，就是没有得"象"；执着于"象"，就是还没有达"意"。

名言

◎圣人立象以尽意。（《周易·系辞》）

◎书不尽言，言不尽意。（《周易·系辞》）

◎筌者所以在鱼，得鱼而忘筌；蹄者所以在兔，得兔而忘蹄；言者所以在意，得意而忘言。（战国·庄子）

◎可以言论者，物之粗也；可以意致者，物之精也。（战国·庄子）

◎尽意莫若象，尽象莫若言。（魏·王弼）

◎超以象外，得其环中。（唐·司空图）

◎不著一字，尽得风流。（唐·司空图）

◎词以境界为最上。有境界，则自成高格。（近代·王国维）

成语

◎词不达意：语句不能确切地表达意思。

◎观物取象：模仿自然及社会具体事物形象，确立具有象征意义的模型。

◎意出象外：语言的真正用意在表象之外，要细细体会才知道。

◎言语道断：意义深奥微妙，无法用言辞表达。后指不能通过交谈、谈判的方法解决问题。

◎意见言外：语言的真正用意没有明白说出来，需细细体会。

第 8 课

模拟类比：解读中华文化的重要钥匙

类比：中国传统的思维方式，分为简单类比和模拟类比。简单类比，指由两个事物的某些相同或相似的性质，推知其在其他性质上也有可能相同或相似的一种思维方式。模拟类比，则是基于事物间的相似性原理而建立虚拟模型以对事物的功能属性进行虚拟的思维方式。

模拟类比现象面面观

西汉有一场关于汤武革命的辩论，颇有意思。

孝景帝时，山东儒生辕固因研究《诗经》有名而在朝廷当博士。一次，他与一个姓黄的儒生在孝景帝面前因为汤武革命的事情杠上了。

黄姓儒生认为商汤和周武并非奉天命的圣君，而是弑君的凶手。辕固却说："夏桀和商纣，荒淫残暴，祸乱天下，民心失尽。汤武替天行道，诛杀暴君，人民自动归顺，当然是受命于天。"

黄生说："帽子、鞋子各有其位，帽子再烂，也应戴在头上，鞋子再好，也只能穿在脚上。君主再怎么犯错，毕竟是君主，臣子再怎么贤明，也毕竟是臣子，人主有错，臣子应帮其改正错误，怎么能弑君而自立呢？"

黄生用的是类比推理。辕固一听，一时语塞。好在辕固忽然想到秦汉的改朝换代，便灵机一动说："照你说，本朝高祖皇帝代秦即天子之位，难道错了吗？"

辕固反击非常成功，用的也是类比，只不过是反向类比。

景帝在一边听着，发现太不像话，竟扯上了高祖皇帝，只得打断争论："吃肉没吃过马肝，不算不知道肉味；治学不讨论汤武革命，不算是笨蛋。到此为止吧。"景帝的总结用的还是类比。

孝景帝刘启像

国人说话，三句话不离比方。《说苑》曾记载一个故事，说是惠施善于用"譬"（打比方），梁王的一个门客说，只要不让惠施打比方，他就无法说话。梁王见到惠施，便要他直话直说，不打比方。惠施说，

中国智慧
写给中学生的18堂国学哲理课

有个人不知道"弹"是什么样子，怎么告诉他呢？说"弹的样子像弹"，他能明白吗？梁王说，当然没法明白。惠施便说，如果说弹的样子像把弓，用竹篾做弓弦，他会明白吗？梁王说，这样说那就明白了。惠施趁机说道："说话就是用人们已知的东西来说明人们不知的东西，您却叫我不打比方，怎么说明白呢？"梁王被他彻底说服了。

的确，譬喻是汉语的特色。汉语不是精确的描述性语言，而是修辞性语言，而其修辞的"灵魂"可以说就是譬喻。

例如荀子《劝学》，全文不足两千字，至少用了六十个譬喻，尤其高中课文所选部分不足三百六十字，二十七个句子，譬喻不下二十个。唐代司空图的《二十四诗品》是中国最著名的诗论，几乎通篇都是以比喻论诗。

汉语中，成语、谚语、歇后语极其丰富，而它们的构成方式主要就是类比比喻。

常用汉字不过七千，常用成语却多达六千。成语或者整体用来比喻，如狐假虎威、鸡鸣狗盗、金蝉脱壳、穿针引线、龙腾虎跃；或者本身就是由比喻构成，如情深似海、呆若木鸡、似水流年、如痴似醉、如鱼得水。谚语的基本构成方式也是比喻，如"人多爱分家，树多爱分桠"，"好汉不打妻，好狗不咬鸡"，"天无一日雨，人无一世穷"，"拔出萝卜带出泥"等。

歇后语是汉语独有的语言现象，它是将一句话分成两部分表达，前一部分比附，后一部分解释。或是语义比附即比喻：八仙过海——各显神通；泥菩萨过江——自身难保；芝麻开花——节节高。或是语音比附即谐音：打破砂锅——问（纹）到底；外甥打灯笼——照旧（舅）；歪嘴讲故事——邪（斜）说。歇后语最早可能产生于先秦，如《史记·魏世家》记载，魏国大臣苏代反对以地事秦，说："且夫以地事秦，譬犹抱薪救火——薪不尽，火不灭。"唐代已经有了歇后语的名称，应该很流行。

禁忌语和祝福语也多是谐音比附，如杯子碎了，会说"岁岁（碎碎）平安"；梦见棺材，圆梦者会说，棺者官也，预示升官发财。雕刻刺绣常有蝙蝠图案，便是看中了蝙蝠的"蝠"，认为"蝠者，福也"。

索绪尔说："类比是语言创造的原则。"这一原则在汉语里体现得尤为突出。汉语的丰富性、审美性、含蓄性也许正得益于类比。

中国文学有几个现象值得关注。

一是中国文学的抒情性。中国抒情文学源远流长，独居正宗。叙事文学也有着浓厚的抒情意味，《红楼梦》就是充分诗化的小说。中国戏曲，尽管有故事情节做框架，主体却是抒情的词曲。而中国文学主要的抒情方式并非直抒胸臆，而是托物言志、借景抒情。托物言志，就是类比比喻。《诗经》的"比兴"传统、楚辞的"香草美人"传统，都是基于比喻类比的。借景抒情，其本质也是比喻类比，因为景情关系，无非相似相反，借景也无非是借相似之景来比喻烘托，借相反之景来对比衬托。相似是正向类比，相反则是反向类比。

二是寓言文学发达。中国寓言源远流长，是世界三大寓言体系中唯一没有中断过创作的，且数量巨大，成就很高，与欧洲、印度（南亚中东）鼎足而立；除散文外唯有它能与中国古代诗歌相始终。先秦诸子、历代文豪多是寓言高手。寓言是有寄托的故事，其表层结构是故事，其深层结构是寓意，而表层故事与深层寓意的连接靠的就是类比。

在政治伦理方面，家国同构是家与国的类比；修身齐家治国平天下，"身、家、国、天下"四者构成类比。"君子比德"是中国古代非常流行的类比，最早见于《管子》：齐桓公春游，问随行的大臣"何物可比于君子之德"，大夫隰（xí）朋回答是"粟"，即小米。管仲说是"苗"。因为苗幼则柔顺似孺子，壮则庄重如士人，熟则和悦俯首，正像谦谦君子。后来更有君子比德如玉，以及梅兰竹菊四君子、松竹梅岁寒三友等说法。

中医用阴阳五行将人体的五脏六腑、四肢百骸和人体的生理、心理活动进行类比，乃至于和整个自然界联系起来构成类比，以此构成中医学庞大而严密的藏象系统。"以形补形"，则是中医类比观念的世俗化表现。

中国古代的迷信之学风水堪舆，主要研究勘察宅地和墓地，用的方法就是类比。所谓"相山亦似相人，点穴犹如点艾"，意思是勘察风水就好像为人看相，选择墓地就好像为人进行艾灸选择穴位一样。龙是风水理论的核心概念，龙就是地气，龙脉即地脉。皇帝被称为真龙天子，天子出行，前呼后拥，坐拥朝堂，百官跪拜，于是，真龙之山脉也必须有迎有送，有缠有护，外山外水，环抱重重。

至于建筑，则更是取法于天。如传统民居的房屋结构多有天井、天窗、天台，故宫建筑则与天上星辰对应等。

中国围棋也可与天地自然类比。班固《弈旨》说："局必方正，象地则也。道必正直，神明德也。棋有白黑，阴阳分也。骈罗列布，效天文也。"

模拟类比的历史追踪

国人喜类比，首先与天人合一的宇宙观相关。德国哲学家卡西尔说，天人合一是中国人的根本隐喻。中国古代哲人多是天人合一的宇宙统一论者，在他们看来，天与人、自然与社会是同源同构的，于是一系列类比由此产生。

人天类比。所谓"人副天数"，人是天的副本。董仲舒说："天亦人之曾祖父也。"于是，"人有五藏，天有五行；人有四肢，天有四时……"

人地类比。《黄帝内经·灵枢·经水》将人体经脉与大地河流类比，认为十二经脉外合于大地的十二条河流，以河流大小来说明经脉血气的多少：足少阳外合于渭水，足阳明外合于海水，足少阴外合于汝水，足厥阴外合于渑水……

人间天上类比。皇帝就是天子，夜观星象可以预测人事。《后汉书》记载：汉光武帝时，太史夜观星象，发现皇帝坐镇的紫微星有客星侵犯，第二天早朝，慌忙上奏"昨夜，客星犯御座甚急"，希望加强戒备。这时光武帝刘秀笑着说，无妨，那是我少年朋友和我睡在一张床上了。

原来，光武帝刘秀与严子陵是少年玩伴，刘秀当了皇帝，便把严子陵接到宫中，由于谈兴太浓，便留他同榻而眠，子陵睡相不好，熟睡之后，把一只脚搭到了皇帝肚子上。人间的这个动作，竟然体现在星相上，被夜观星象的太史观测到了。这明显是附会，但正说明古人认为人间是天界的克隆。司马迁在《史记·天官书》中说："官者，星官也。星座有尊卑，若人之官曹列位，故曰天官。"《水浒传》中，地上一百零八将正对应天上"三十六天罡"和"七十二地煞"。

其次，与《周易》八卦有关。先民用天与地或男与女分别象征阳性与阴性事物，用"天（乾）、地（坤）、山（艮）、雷（震）、火（离）、水（坎）、泽（兑）、风（巽）"八种事物分别代表八个卦象，以此来类比天下万物，是一种更高深的类比。（详见下一节）

也许是受天人合一的宇宙观和八卦思维的影响，先秦诸子多用类比，并研究类比。老子多次以水为喻，提出"上善若水"，其虚静贵柔、以弱胜强、虚怀若谷等思想，都是从水类比而来。孔子"己欲立而立人，己欲达而达人"，是就近取譬，推己及人。其"君子之德风，小人之德草"，"举一反三""闻一知十""比德于玉"，由孝悌而忠信，都是典型的类比。

墨子是中国古代伟大的逻辑学家，他在逻辑学上的重大贡献就在于对类比的研究和运用。例如他由"入人园圃，窃其桃李"的不义，偷鸡摸狗的不义，来类推非正义战争的荒谬，从而指出人们"义不杀少而杀众，不可谓知类"的错误。《墨子》几乎篇篇都用类比。墨家深入研究了类推的基本原则，提出了"以类取，以类予"的著名逻辑方法。所谓"以类取，以类予"就是先从同类事物归纳出一般原则，再将这一般原则推广到其他同类事物中。

孟子好言善辩，是战国首屈一指的雄辩家，他在论辩中灵活运用多种类推方式，往往出奇制胜，令"王顾左右而言他"。其"老吾老以及人之老，幼吾幼以及人之幼"的推恩之说，就是推己及人。

庄子、荀子、韩非子等都是类比高手，《吕氏春秋》中类比俯拾即是。

模拟类比的本质解读

前文举了不少比喻之例，读者可能会有困惑：比喻与类比有何区别？比喻属不属于类比？一般来说，比喻属修辞，类比属推理。但比喻的深层意识是基于类比的，比喻是类比的通俗形式。二者都是基于事物间的相似性。如果严格区分，则比喻的喻体与本体是不同类的，属于异类相比，而且其喻体是临时性的，其相似点也往往是单一的，就像花儿与少女，两者并不同类，且只就鲜艳美丽这一相似点。如荀子《劝学》论学习，所用比体"登高博见、登高而招、顺风而呼、假舆马、假舟楫"都不属学习范畴，只是临时拿来比喻学习的意义。但这些虽然是比喻，就其思维实质而言，却是类比。语言中大量使用比喻、成语、谚语、歇后语，文学中的借景抒情现象，都属于临时性的异类相比。

严格意义的类比，应该是同类相比，是根据两个对象在某些属性上相同或相似，而推断出它们在其他属性上也相同。用数学用语来表示，就是甲乙两个同类事物，如果甲事物具有属性a、b、c，另有属性d，乙事物也具有属性a、b、c，那么乙事物也应该具有属性d。

不过，类比的类比物有两种。一种是临时的，如孟子的"五十步笑百步""揠苗助长"，韩非子的"守株待兔"，都是作者灵机一动拿来类比的事物。这种类比是"以一类一"，是一般意义的类比。

中国文化史中，更有一种类比，其类比物是固定的，是先民们经过长期观察而提炼出的可以用来类比众多事物的物象，是可以"以一类万"的。例如阴阳、五行、八卦，例如中医的藏象、古诗文的经典意象等。

先说阴阳。向日为阳，背日为阴，由此引申到山南水北为阳，山北水南为阴，然后引申到男女的生殖器，再到男女的性别，到后来越来越抽象。老子说"万物负阴而抱阳"，《周易》说，"一阴一阳之谓道"。后来，"阳"可以类比天、男、父、夫、君、首、上、南、雷、火、山、果、赤黄、刚健，"阴"可以类比地、女、子、妻、臣、腹、下、北、风、水、泽、画、黑白、柔顺。古人就这样把阴阳一步一步上升为能无限类比万事万物的抽象观念，将天地万物分成了两大类，然后用阳与阴或男与女、天与地作为两大类事物的模型。

八卦由阴阳观念生成，用实线"—"代表阳，叫阳爻，用虚线"--"代表阴，叫阴爻，阴阳两爻三次重复排列，构成八个图形，就是八卦，即乾☰、坤☷、巽☴、震☳、坎☵、离☲、艮☶、兑☱。它们代表着天地间八种极具代表性的具体事物：天（乾）、地（坤）、风（巽）、雷（震）、水（坎）、火（离）、山（艮）、泽（兑）。而这天地风雷等也不是真正的天地风雷，而是用来模拟天地间事物的八种模型，他们被分别赋予了不同的象征意义，如"乾"，象征天、圆、君、父、玉、金、寒、冰、大赤、良马、木果等；"坤"象征地、母、布、釜、吝啬、子母牛、文、众、黑等。再如《乾》卦的卦爻辞主要描述龙的成长轨迹，就是以龙曲折的生命轨迹建立一个动态模型，以此模拟人的生命轨迹或事物曲折前行的进程。

这一模拟过程就是《易传》所谓"观物取象"，即观察大千世界，从中抽取典型性、象征性的具体感性形象，构建模拟某一类事物的模型。所以这里的"象"，既是具象，也是对众多事物的"抽象"，是抽取出来的模型。墨子说"以类取，以类予"，"以类取"就是"观物取象"，是从众多事物中按类抽取具象模型，就是"立象尽意"，就是"建模"。而"以类予"，则是用模型去分类模拟各种事物。《易传》就是从模拟的角度解释《周易》的，"易者象也，象也者，像也"，"其称名也小，其取类也大"。象，就是模型，是抽象，是虚象，所以用来模拟的模型很小，而代表的类型即事物的范围却很大；像，则是模拟，是还原。

大约在春秋时期，人们觉得阴阳八卦模型还不足以模拟万事万物，于是再从大千世界抽取出"金木水火土"五种最原始的物质（"五行"）作为模型，将其与阴阳配合，由此形成一个相对复杂的模拟系统。

可见，中国古人的这种类比，不是一般的"以一类一"的同类类比，而是一种基于经验与联想而建立起思辨模型的"建类类比"，是一种"以一类万"的类比，荀子称之为"以类行杂，以一行万"。"同类"之类，只是类别，"建类"之类，则已是模型。

阴阳五行八卦的模拟，都不是对事物的具体形象模拟或静态模拟，而是对事物动态功能属性的模拟。阴阳自然是指功能属性，而五行虽然名为金木水火土，实际注重的却是它们之间相生相克的动态关系；同样，八卦的天地风雷等模型，也是侧重于不同的功能属性，如果说"乾、坤、离、坎、震、巽、艮、兑"那八个原始的卦（八经卦）所代表的"天、地、火、水、雷、风、山、泽"还是具体的事物，到了六十四卦则已不是具体事物，而是事物之间的联系、规律等，侧重的是上下经卦及各爻的位置关系。所谓"易有三易：简易、变易、不易"，《周易》关注的就是卦爻之间的动态功能。

中国古代哲人对宇宙的静态结构和元素分析不太感兴趣，他们注重通过动态功能模拟提出宇宙生成模式。从老子的"道生一、一生二、二生三、三生万物"，《周易》的"两仪生四象、四象生八卦"，到周敦颐的《太极图说》，都是一种模拟类比。天人合一的宇宙观产生于模拟逻辑，家国同构的政治观同样产生于模拟逻辑。

几乎可以说，中国文化是以家的关系功能和伦理为范型，推行于国又推行于天的模拟文化，家庭伦理和政治伦理可以以道德精神一以贯之——在家为孝，在国为忠，忠臣先是孝子，孝子应做忠臣。中国文学中，政治悲剧意识常以闺怨或怨弃等日常悲剧模式来表现，读者也习惯于通过这日常悲剧模式去挖掘、把握深层的政治悲剧意蕴。

这种动态功能模拟类比也同样体现在自然科学方面。如医学，由于不太关注静态结构，不重解剖，中医是将人体作为一个典型的"黑箱"来研究的。"黑箱"研究的主要内容为系统控制和功能模拟。古人无法达到系统控制的科学高度，于是义无反顾地选择了功能模拟，以五行气理模型来建构其具象的抽象理论大厦。所以，中医的藏象并非基于解剖的内脏实体，而是虚象，是抽象的功能。如中医对"心"的解释："心主血脉，藏神。"主血脉，是心脏的功能；但藏神，则属于中枢神经系统了，于是，神明、舌、小肠、面色、喜、笑、赤色、苦味、夏季、暑热，竟都归为心。

模拟类比的价值思考

本书所列五十四个传统观念，有三个最受诟病，一个是孝悌忠信，一个是经学传统，再一个就是模拟类比。

作为中国古代最重要的思维方式，模拟类比深入国人骨髓，成为灿烂的中华文化赖以建立的思维基础，无疑有其重要价值。这种思维方式，受制约程度小，简洁、实用、灵活、高效，有利启迪智慧，有利开拓认识领域的新途径。它促进了国人的意会、体悟、直觉、想象能力的发展，在某种意义上成为中国文化创造活力的源泉。同时它让国人从自然的深层意蕴中获得了许多人生启示，升华了自我生命的体验，有利于形成中国文学艺术的浪漫想象传统。

但这种模拟类比，既非近代西方在实验科学基础上发展的模拟，即所谓物理模拟和数学模拟，也非现代控制论的功能模拟。其模型建立于经验归纳、直觉意会、联想想象基础之上，其"上升"的过程准确程度不高，而其"还原"即其"拟"的过程又带有相当大的比附性，其结论的可靠性不大，其模拟的精确度不高，难以用它来建立科学定律和科学模型。

随其恶性发展，便产生了任意比附。比如，中国文化中的气、阴阳、五行几乎成了万应灵丹，由此生成的比附泛滥成灾，甚至由此得出一些很荒谬的结论。如《黄帝内经·灵枢·邪客》："天圆地方，人头圆足方以应之。天有日月，人有两目。地有九州，人有九窍。天有风雨，人有喜怒。天有雷电，人有音声。天有四时，人有四肢。天有五音，人有五藏。天有六律，人有六府。天有冬夏，人有寒热。天有十日，人有手十指。"至于董仲舒的"官制象天"则更为荒诞。谶纬（chènwěi）迷信之学便是这模拟模式恶性发展的极端。

科学史家李约瑟说，《周易》对世界的解释，是一种"不是解释的解释"。阴阳五行说形成稳固的文化系统观念之后，将人们的思维禁锢在这不是解释的解释系统里，阻碍了国人的思维向高度抽象思辨的方向发展，阻碍了科学研究的细化、深化和精确化。

因此，如何改造利用模拟类比的思维方式，既发挥它简洁、实用、灵活、高效、启迪智慧、善于创新的优势，又能引入现代科学思维，克服其模糊、比附的不足，让其重放光芒，是我们今天必须研究的。

 撷 英 掇 华

《 原典 》

《周易·乾卦》卦爻辞

☰乾下乾上

《乾》[①]：元，亨，利，贞[②]。

初九[③]：潜龙，勿用。

九二：见[④]龙在田，利见大人。

九三：君子终日乾乾，夕惕若厉，无咎[⑤]。

九四：或跃在渊，无咎。

九五：飞龙在天，利见大人。

上九：亢⑥龙，有悔。

用九⑦：见群龙无首，吉。

①乾：卦名。《周易》以卦为单位，全书共六十四卦。②元亨、利贞：犹言"大吉大利"。③初九：爻名。《易》卦的爻，以"九"标示阳爻，以"六"标示阴爻。又以"初、二、三、四、五、上"标示从下至上各爻的顺序。④见：同"现"。⑤乾乾：勤勉的样子；惕：警惕；厉：危险；无咎：无害。⑥亢：高亢，极。⑦用九：《乾》卦特有的爻名。用九即为通九，犹言六爻皆九。指卜卦时占到六爻都是老阳，则全部阳爻将尽变为阴爻。

文本大意《乾》卦：大通顺，很吉利。

倒数第一阳爻：龙还在潜伏中，不可有所作为。

倒数第二阳爻：龙出现在田野，见贵人有利。

倒数第三阳爻：贵人整天自强不息，晚上也警惕着，没有灾害。

倒数第四阳爻：时而跃出水面，时而躲进深渊，没有害。

倒数第五阳爻：龙飞在天上，见贵人有利。

最上阳爻：处在极高处的龙，有悔恨。

用阳爻：看见许多龙，没有首领，是吉利的。

(《乾》卦卦辞爻辞用龙曲折的生命经历来模拟事物曲折前行的过程。)

墨子用类比说楚王

子墨子见王①，曰："今有人于此，舍其文轩②，邻有敝舆③而欲窃之；舍其锦绣，邻有短褐④而欲窃之；舍其粱肉⑤，邻有糠糟⑥而欲窃之，此为何若人？"

王曰："必为有窃疾矣。"

子墨子曰："荆之地方五千里⑦，宋之地方五百里，此犹文轩之与敝舆也。荆有云梦⑧，犀兕麋鹿⑨满之，江汉之鱼鳖鼋鼍为天下富⑩，宋所谓无雉⑪兔鲋鱼者也，此犹粱肉之与糠糟也。荆有长松文梓梗楠豫章⑫，宋无长木，此犹锦绣之与短褐也。臣以王吏之攻宋⑬也，为与此同类。"(《墨子·公输》)

①子墨子见王：墨子，名翟(dí)，春秋末期战国初期宋国人，著名思想家、教育家、科学家，墨家学派创始人。第一个"子"，尊称。王：这里指楚王。②文

轩：装饰有花纹的车子。③敝舆：破旧的车子。④短褐：贫民穿的粗布衣服。⑤梁肉：以梁为饭，以肉为肴。指精美的膳食。梁：古代指特别好的谷子。⑥糠糟：指酒糟、米糠等粗劣食物。⑦荆：即楚国。地方：土地方圆。⑧云梦：古代楚国有云泽和梦泽两个大泽，后来干涸了。⑨犀兕（sì）麋鹿：犀牛麋鹿。⑩江汉之鱼鳖鼋（yuán）鼍（tuó）为天下富：江汉指长江和汉水，均在楚国境内。鳖：鱼类，俗称甲鱼；鼋：鳖类，俗称"癞头鳖"；鼍：扬子鳄，俗称"猪婆龙"。⑪雉：野鸡。⑫文梓楩（pián）楠豫章：均为珍贵的树种。⑬王吏：这里指公输盘。公输盘：即人们所说的鲁班，鲁国工匠，曾为楚王制造云梯，准备攻打宋国。墨子与楚王的对话就是以此为背景。

文本大意 墨子觐见楚王，说："如果这里有一个人，舍弃他豪华的大车，却偏偏要去觊觎邻居家的破车；舍弃他的锦绣衣裳，却要去偷窃邻居家的粗布短衣；舍弃自家的稻梁鱼肉，却要去盗窃邻居家的糠糟粗粮，请问这是一个什么样的人呢？"

楚王说："那个人一定是患了偷窃病。"

墨子说："楚国土地方圆五千里，宋国才五百里，这就好像豪华的大车与破车；楚国有云梦泽，遍地是犀牛麋鹿一类的珍奇异兽，长江汉水盛产鱼鳖鼋鼍，富甲天下，宋国连所谓野鸡、兔子、鲋鱼之类的东西都没有，这就像稻梁鱼肉与糠糟粗粮；楚国有长松、文梓、楩楠和豫章之类珍贵树木，宋国连普通的大树都没有，这就像锦绣长袍和粗布短衣啊。我认为您派大臣去攻打宋国，与这些情况很相似。"

❂ 名言 ❂

◎合抱之木，生于毫末；九层之台，起于累土。千里之行，始于足下。（春秋·老子）

◎己欲立而立人，己欲达而达人。（春秋·孔子）

◎以类取，以类予。（春秋·墨子）

◎古者包牺氏（即伏羲）之王天下也，仰则观象于天，俯则观法于地，观鸟兽之文与地之宜，近取诸身，远取诸物，于是始作八卦，以通神明之德，以类万物之情。（《周易·系辞》）

◎老吾老，以及人之老；幼吾幼，以及人之幼。（战国·孟子）

◎谈说之术……分别以喻之，譬称以明之。（战国·荀子）

◎不积跬步，无以至千里；不积小流，无以成江海。（战国·荀子）

◎善鸟、香草，以配忠贞，……灵修、美人，以媲于君。（汉·王逸）

◎以铜为镜，可以正衣冠；以古为镜，可以知兴替；以人为镜，可以明得失。（唐·李世民）

◎洞房昨夜停红烛，待晓堂前拜舅姑（公公婆婆）。妆罢低声问夫婿：画眉深浅入时无？（唐·朱庆馀）

成语

◎以此类推：根据某一事物的道理，去推出其他同类事物的道理。

◎君子比德：以自然对象之美来比喻、象征君子之美德。

◎上善若水：至高的品性像水一样，泽被万物而不争名利。

◎举一反三：从懂得的一点，类推而知道其他更多的。

◎以形补形：传统食疗方法，用动物的五脏六腑来治疗人体相应器官的疾病。

◎触类旁通：掌握了某一事物的规律，就能推知同类事物。

◎充类至尽：充类，推究同类事理；至尽，到极精密处。指就事理做充分的推论。

◎水至清则无鱼：水太清了，鱼就无法生存。比喻人或物不可要求太高。

第 9 课

明心见性：认明清静本心，回归天然真性

　　明心见性是禅宗的重要思想，也是禅宗对中国文化乃至世界文化的贡献。其意思是摒弃世俗一切杂念，发现自己的真心，见到自己本来的真性，是禅宗悟道的境界。

曹源滴水，顿悟菩提

要了解禅宗的明心见性，先要了解禅宗的六祖慧能。

慧能的出现，是中国文化的一个特异现象。慧能出身低微，家境贫穷，是个文盲，但他却被称为中国佛教史上前无古人后无来者的第一人，成为后来无数文人学者大师所崇拜的偶像。由他所创立的禅宗的南宗，成为汉传佛教中国化最彻底的一个流派，也是中国佛教最伟大的成就，其思想对中国佛教史、文化史、思想史乃至日常生活的各方面都产生了重大影响。

禅宗六祖慧能（638~713），生于唐高宗李治时代，历高宗李治、武则天、唐中宗李显、唐睿宗李旦几朝，于唐玄宗开元元年圆寂。

六祖俗姓卢，河北燕山人，随父流放岭南新州（今广东新兴县）。由于父亲早逝，靠卖柴养母过活。一次，慧能在卖柴回家的路上听到有人诵读《金刚经》中的"应无所住，而生其心"，心有所感，便萌生学习佛法之念。遂于唐咸亨三年（672年）受人资助十两纹银，前往湖北黄梅双峰山东山寺拜谒五祖弘忍，由此开始了学佛生涯。

到达黄梅东山寺后，礼拜五祖。五祖弘忍大师问他："你是哪里人？到这里想来求什么？"慧能禀告大师："弟子是岭南新州百姓。远来礼师，唯求做佛，不求余物。"弘忍大师说："你是岭南人，属于南蛮，怎么能学佛呢？"其实，弘忍是在考验慧能，看他如何回答，看他有没有慧根。不料慧能说："人虽有南北，佛性本无南北。我这南蛮与大师您是有不同，但佛性有何差别呢？"这时的弘忍发现眼前这个年轻人颇有慧根，便留下他要他跟随大伙在寺庙劳作，在

慧能像

劳作中体会佛法。慧能便说:"弟子自心常生智慧,不离自性,即是福田。不知道大师您教我干什么活计。"五祖觉得这个南蛮子颇有慧心,便有心要保护好他,要他到后厨去干活,在那里劈柴踏碓(duì)八个多月。

其时弘忍年事已高,急于传衣付法,命弟子作偈语上呈。他想通过弟子们所作的偈语来看看谁真正领悟了佛法。当时弘忍的大弟子神秀作了一首偈语:"身是菩提树,心如明镜台,时时勤拂拭,莫使惹尘埃。"大弟子神秀被称为教授师,即代师传教者,其他弟子对神秀本就十分崇拜,以为五祖衣钵非他莫属,现见此偈语,以为神秀深得佛法,都大加赞赏。但是,弘忍一见神秀偈语,便知他并未领悟禅宗的真谛。他将神秀招来,跟他说:"汝作此偈,未见本性,只到门外,未入门内。如此见解,觅无上菩提,了不可得。无上菩提,须得言下识自本心。见自本性,不生不灭。于一切时中,念念自见。"并要他再去想几天,再作一首偈语,如果可以,便将衣钵传给他。

就在这时,慧能在舂(chōng)米的作坊里听到几个小和尚在唱神秀的偈语,他一听便知这首偈语没有了悟禅学的真谛,便问小和尚,这是什么偈语,小和尚将弘忍要传衣钵以及神秀作偈语的事告诉了慧能,慧能便要小和尚将他带到前堂,并说自己也有一首偈语,但他不会写字,便请一个姓张的官吏为他书写。慧能的偈语是这样的:"菩提本无树,明镜亦非台。本来无一物,何处惹尘埃。"大伙一听,都感到十分惊讶,这么一个默默无闻的舂米杂役,怎么懂得这么高深的佛学,对禅学有如此深的了悟呢?

五祖弘忍见此偈语,深知慧能已经悟道,便欲将衣钵传授给他,并嘱托他迅速离开黄梅南行,并告诉他"逢怀则止,遇会则藏",实际是暗示他到广东的怀集就不要走了,可以藏身于广东四会。

慧能遵照五祖的嘱托,迅速离开东山寺,一路遭到许多想争夺五祖衣钵的人的追杀,逃到广东韶关的曹溪,又被恶人追寻,于是逃到广东的四会,长期辗转流徙于岭南四会、怀集等地,过着隐居生活,避难于猎人之中,前后躲藏了十五年。

后来他去广州法性寺观光法会，法性寺的禅师印宗法师正在讲《涅槃经》。当时一阵风吹来，寺庙的经幡随风飘动。两个和尚为此发生争论，说到底是风在动还是经幡在动呢？两个人争执不下，这时慧能说："这既不是风动，也不是幡动，是你们的心在动。"听到的人一阵惊骇，觉得此人不同凡响，便立即报告给印宗法师。印宗法师当即将慧能请到上席，向他请教佛法，并请他升座说法。他发现慧能往往能一语中的，而且不死抠经书文字，觉得慧能定非常人，便问："久闻五祖黄梅的衣钵传人南行，您就是六祖吧？"此时，六祖慧能将黄梅祖师的衣钵拿出来展示给众人，至此，六祖慧能才以真面目示人。

慧能在湖北黄梅的东山寺时，五祖并没有为他落发受戒，他到广州的法性寺之后，印宗法师于当年的正月十五日普集四众，亲自为慧能剃度，并奉慧能为师。

慧能从此开始弘法，先在广州法性寺传教，第二年春，便到曹溪山宝林寺（今韶关的南华禅寺）讲经传道，并成为曹溪宝林寺的住持。他在宝林寺三十余年，悉心传道，弘法不辍，以"直指人心，见性成佛"为宗旨，提倡不立文字，弘扬"顿悟"，创建了最具中国特色的一门宗教——禅宗的南宗（神秀建立的是禅宗的北宗，以渐悟为法门）。因为宝林寺在曹溪，后来禅宗信徒便用"曹溪"代指禅宗的南宗或六祖慧能。

明心见性，清净本心

要理解禅宗的明心见性及其伟大意义，更要了解什么是佛法，了解佛法的终极目的是什么。佛法追求的是智慧及开悟，或者说让佛光照亮你的内心，往低一点说，就是要提升我们的智慧，改进行事方式，从而真正提升生命的品质，令人生更光明、更快乐。但是，芸芸众生尽其一生，多半是在黑暗中摸索前进。于是佛学家们想了很多办法，试图让人开悟，撰写了许多阐释佛学教义的经典。

佛学经典真是浩如烟海，像《中华大藏经》就收有经论四千二百余种，两万三千余卷。读佛教经典，往往会发现其教义深奥，内容繁复驳杂，甚而近于啰唆。这让很多人望而却步。佛教的各个宗派也提出了不少修行法门，或者强调要坐禅（如天台宗），或者强调要念佛（如净土宗），或者修身成佛，如密宗主张模仿释迦牟尼佛成佛的过程才能成佛，或者如律宗强调要持戒清净，由戒生定，由定发慧，就是先要严守戒律，完善道德品行，由此致力于内心的宁静，再由此提升自身智慧。这些宗派成佛的过程都比较烦琐，不仅复杂，也似乎很难做到，以至于让人觉得开悟是一件可望而不可即的事。

可是六祖作为一个目不识丁的文盲，竟然一朝开悟，这本身就是个奇迹，让人觉得开悟并不是那么艰难的事。六祖以自身开悟经验，告诉人们悟道的本质。

他悟出"人人皆有佛性，皆可以成佛"，不是吗？他本身就是最好的证明，一个出身低微的"南蛮子"，不仅目不识丁，从岭南跑到湖北，语言还不通，自己不能独立诵读经文，只能听别人诵经后再去感悟；在五祖的东山寺，不仅没有剃度出家，也没有正式学道，只是干些舂米打杂的活。然而，他却开悟了！当然，"人人皆有佛性"这一观念，并非慧能独家发现，鸠摩罗什的著名门徒、东晋佛教学者竺道生就曾提出"人皆得成佛"的观点。

慧能发现，人的自性本来是清净的，人的本心是纤尘不染的，只是由于妄念浮云才遮盖了清净的本性。所以他说，"世人性本自净，万法在自性"，"菩提自性本来清净，但（只要）用此心，直了成佛"。换言之，佛性在哪里？不在别处，佛性就是你那清净无尘的本心，就是你的天然真性。所以，不仅人人可以成佛，而且佛性并不遥远。

他发现，自性本来具足，含藏一切万法，我们的自心、自性是万物的本源，一切万法无非是自性中所现之物。所以修佛就是修心，所以他说"菩提只向心觅，何劳向外求玄"，"不识本心，学法无益；若识自本心，见自本性，即名丈夫、天人师、佛"。也就是说，你要了解清净的本心，如果不了解，你就会到心外去求法，去盲修瞎炼。在六祖看来，修行最重要的是先认明清净本心。

这就是所谓明心见性，明了自己的本心，见到自己的真性。

那么什么是清净本心呢？就是不思善、不思恶。在你不思善、不思恶之时，心空如洗，没有善念、没有恶念、没有贪念、没有嗔念，就在这无善无恶时，当下的心，就是你的本来面目。你明白了这些，你就具备了佛心，这过程没有那么复杂，往往就在你的一念之间。明心是发现自己的真心，见性是见到自己本来的真性。这一念之间，见到自己本来的真性了，便是一种顿悟，便是悟道的境界。

所以，慧能开创的禅宗的南宗，又被称为"顿悟教"。何谓顿悟？就是于瞬间悟道。众生佛性为烦恼所障而不为众生所见，一旦顿悟，佛性便显现。这就是所谓的"见性成佛"。

至此，就可以明白前述慧能偈语与神秀偈语的境界差异了。"菩提本无树，明镜亦非台。本来无一物，何处惹尘埃"，这充分体现了禅宗一切皆空的思想。慧能不仅领悟了禅宗的本质，而且还在认识上有了新的突破：菩提本是智慧，明镜原是心灵，智慧无形无相，靠心灵去领悟，只有放空心灵，无念无嗔，无善无恶，不执着，才不会给智慧以障碍。

神秀的"身是菩提树，心如明镜台，时时勤拂拭，莫使惹尘埃"，不仅没有把握禅宗"空"的真谛，也没有其他任何突破，还陷入"时时勤拂拭"的执着。神秀强调的是一种循序渐进的"渐悟"，而慧能倡导的则是人心本纯，皆可能佛，只要回归本心，一念便可升华智慧。

慧能的"明心见性"说让人觉得修佛悟道，并不遥远，也没有那么艰难。在慧能之前，佛教倡导的是循序渐进的修行方式，而慧能主张即心即佛，可以顿悟成佛，悟道可以瞬间完成、彻底觉悟。这无疑给人们修行成佛指出了一条简捷的道路，大大缩短了佛与众生、世间与出世、在家与出家之间的距离，给佛教的传播带来了便利。

文化合流与思维共振

慧能的禅宗在中国之所以能广受欢迎，是禅宗思维与中国传统思维强烈共振的结果。我们应该能从禅宗发现道家的影子。道家的基本思想是：天下万物生于有，有生于无，"无"是道家学说的重要内容。这"无"与禅宗的"空"非常接近。道家一直十分关心心性，他们将许多问题直接归结于"心"，道家的修身最终指向"修心"，庄子的"心斋""虚室生白"之说，就是直指人心的。道家因为将客体看成一个难以认知的整体，认为道不能靠推理、观察、语言而获得，它无形无迹，只能用心去感悟，只能靠直觉意会，这些思想与禅宗非常相似。但是道家之说过于深奥，普通民众难以领会。

现在，一个目不识丁者创立的禅宗，一方面似乎接过了道家的大旗，另一方面，又将道家的思想与佛家的思想合流，而最重要的是，慧能以一个普通人的身份，悟出了他们之间的内在关联，将其变成一种通俗易懂、人人可及的信仰，这样一拍即合，禅宗在中华大地便大行其道了。

禅宗"明心见性"的观念对中国思想史影响深远。宋孝宗曾经说："儒家治世，道家治身，佛家治心。"确实，在中国文化儒道释三家中，虽然都重视"心"，但最关注心灵的无疑是佛家，而慧能开创的南禅宗，则将对"心"的关注推到极致，其基本的禅法理论就是"心性论"，他关注本体之心，认为此心本来清静，"一切万法，尽在自心中，何不从于自心顿现真如本性"。

正是慧能的心性论，开启了宋明理学、陆王心学。此前的儒家比较关注主体以外的社会客体，他们修身的目的是齐家治国平天下，对主体自身的心性缺少足够关注。到程朱理学，就已开始关注主体的心性、性命了。而王阳明则几乎是直接嫁接了慧能的心性论构架，建立起了自己的心学体系。王阳明在年轻时代专攻儒学尤其是程朱理学，后来又广泛接触佛学和道家学说，并充分吸收其精华，创建了自己的心学体系。

据王阳明的朋友兼学生黄绾记载，王阳明经常让弟子们诵读《坛经》，领会其要义："又今看六祖《坛经》，会其'本来无一物'，'不思善，不思恶'，见'本来面目'，为直超上乘，以为合于良知之至极。"（黄绾《明道编》）他的心学强调从心上做工夫，强调致良知，强调要格去心中之污物，强调"这良知人人皆有，圣人只是保全无些障蔽"，从中可以明显看出禅宗"人人皆有佛性""明其本心""见其本性"等思想的影响。

禅宗强调明心见性，强调只可意会，不可言传，以心传心，强调内心自证自悟，宁静淡泊，自然洒脱，这对中国的文学艺术也产生了广泛影响。从盛唐的王维、孟浩然开始的许多禅意诗歌中，明显可以看出这种影响。到了中晚唐以至宋代，还出现了"以禅喻诗""以禅论诗"的诗歌理论。唐司空图在《二十四诗品》中，虽然没有明确提出"以禅喻诗"，但其诗论的用语，已经颇有禅味，像"返虚入浑""横绝太空""超以象外，得其环中"等。宋代严羽则是"以禅喻诗"的代表人物，他明确指出："大抵禅道惟在妙悟，诗道亦在妙悟。"无论是宋代严羽的"妙悟说"还是清代的"神韵说"，都明显受了禅学的影响。

至于慧能禅学对中国绘画艺术的影响，从后来中国绘画的超然意境和笔简形具、气韵为主的山水画派都可以看出。

 撷 英 掇 华

《 原典 》

《坛经》① 节选

神秀偈语②：

"身是菩提树③，心如明镜台，时时勤拂拭，勿使惹尘埃。"

慧能偈语：

"菩提本无树，明镜亦非台。本来无一物，何处惹尘埃？"

（《坛经·行由品第一》）

①《坛经》：全称《南宗顿教最上大乘摩诃般若波罗蜜经六祖慧能大师于韶州大梵寺施法坛经》，是佛教禅宗祖师慧能说、弟子法海等集录的一部经典。主要记载慧能一生得法传法的事迹及启导门徒的言教，表达了"见性成佛"或"即心即佛"的佛性论，以及"顿悟见性"的修行观。慧能：唐代高僧，中国佛教禅宗六祖，著有《坛经》流传于世，至今仍有不腐肉身舍利久存于世，成为佛法修行之见证。②神秀：禅宗五祖弘忍弟子，与慧能争五祖衣钵失败，后成为北宗禅创始人。偈（jì）语：佛学读后感或修行体悟写成的韵语，多为四句组成，兼具文学的形式与内容，朗朗上口。③菩提：梵语音译词，意为"觉悟、智慧"。菩提树：印度的一种常绿乔木，传说释迦牟尼在此树下觉悟成佛，得证菩提，故名菩提树。

文本大意 神秀偈语的意思是：人的身体就像一棵菩提树，心就像明镜之台，要时时不断地将它掸拂擦拭，不让它被尘垢污染障蔽了光明的本性。神秀强调人要时时刻刻去照顾自己的心灵和心境，通过不断的修行来抗拒外界诱惑。它强调一种渐悟式的修行。

慧能偈语的大意是：菩提原本就不是实体的树，而是比喻智慧；明亮的镜子并不是真正的镜子，是比喻清静心。既然本来清静，哪里会染上什么尘埃呢？这是告诉人们世间一切如梦幻泡影，人不要妄想执着，才能明心见性，获得无上智慧。这是一种顿悟的修行方式。

师①言：汝等谛听，后代迷人，若识众生，即是佛性；若不识众生，万劫②觅佛难逢。吾今教汝识自心众生，见自心佛性。欲求见佛，但识众生。只为众生迷佛，非是佛迷众生。自性若悟，众生是佛；自性若迷，佛是众生。自性平等，众生是佛；自性邪险，佛是众生。汝等心若险曲，即佛在众生中；一念平直，即是众生成佛。我心自有佛，自佛是真佛，自若无佛心，何处求真佛？汝等自心是佛，更莫狐疑。外无一物而能建立，皆是本心生万种法。故经云：心生种种法生，心灭种种法灭。（《坛经·付嘱品第十》节选）

①师：即慧能。②万劫：佛经称世界从生成到毁灭的过程为一劫，万劫犹万

世，形容时间极长。

文本大意 《付嘱品》是慧能偈语的具体演绎，强调的是众生本有佛性，佛性就在各人心中，如果执迷于见佛，反而只是众生，无法达到佛的境界。如果悟到了，那你就由众生成了佛，这一切都取决于你的内心。

悟道诗

春有百花

慧开①

春有百花秋有月，夏有凉风冬有雪。

若无闲事挂心头，便是人间好时节！

悟道诗

南宋无名尼

尽日寻春不见春，芒鞋踏遍陇头云。

归来笑拈梅花嗅，春在枝头已十分。

① 慧开（1183～1260）：宋代僧人。

文本大意 第一首诗指出一年四季各有其美，人生何必太纠结于得失呢？只要善于放下，一切都是美好的。

第二首诗先描绘诗人尽日寻春，踏破芒鞋，入岭穿云，但却一直找不到春天的踪迹。可当诗人寻春不得，兴尽而归，哪知笑拈梅花而嗅，才发现春在枝头，已经昂然十分了，原来春天竟在自家的门庭内！言外之意是，多少禅修之人苦苦修道而不得，其实佛法不假外求，佛性就在心中。也有"众里寻他千百度，蓦然回首，那人却在灯火阑珊处"的顿悟。

《 名言 》

◎仁远乎哉？我欲仁，斯仁至矣！（春秋·孔子）

◎菩提本无树，明镜亦非台。本来无一物，何处惹尘埃。（唐·慧能）

◎不识本心，学法无益。（唐·慧能）

◎菩提只向心觅，何劳向外求玄？（唐·慧能）

◎如人饮水，冷暖自知。（唐·慧明）

◎行到水穷处，坐看云起时。（唐·王维）

◎等闲识得东风面，万紫千红总是春。（宋·朱熹）

◎众里寻他千百度，蓦然回首，那人却在灯火阑珊处。（宋·辛弃疾）

◎大抵禅道惟在妙悟，诗道亦在妙悟。（宋·严羽）

成语

◎见性成佛：佛教禅宗认为人人都有佛性，只要明心见性，就可以成佛。

◎拈花微笑：原为佛家语，比喻顿悟禅理。后比喻彼此心意一致。

◎顿悟成佛：一旦把握到佛教的真理，即可以突然觉悟成佛。

◎道不远人：此"道"并不排斥人，人可以自修而成，努力靠近。

◎道在屎溺：比喻道无处不在。

◎执迷不悟：坚持错误而不觉悟。

第 10 课

系统思维：以整体、连续、关联的观点观察世界

系统思维：运用系统观点，把对象互相联系的各个方面及其结构和功能进行系统认识的一种思维方法，这里指中国文化中朴素的系统思维，具体表现为思维的整体性、关联性。

九种符号的思维信息

所谓系统思维，就是运用系统观点，把对象互相联系的各个方面及其结构和功能进行系统认识的一种思维方法。中国传统文化固然没有达到现代系统思维高度，但也处处体现出一种朴素的系统观。古代中国人善于用整体的、连续的、关联的观点观察和认识事物。八卦、阴阳、五行、气、太极、中医、围棋、汉语、汉字，是最具中国文化特色的中国符号，这几种中国符号，都表现出系统思维的特点。

八卦的整体、联系与循环

八卦本身即用天地间极具代表性的八种事物来模拟整个宏观世界：天（乾）、地（坤）、风（巽）、雷（震）、水（坎）、火（离）、山（艮）、泽（兑）。后来发展到《周易》的《易传》，又用八卦来模拟人体的整体结构：乾为首，坤为腹，震为足，巽为股，坎为耳，离为目，艮为手，兑为口。八卦与阴阳结合，又用来模拟家庭的整体结构：乾（☰），天也，故称乎父；坤（☷），地也，故称乎母；震（☳）第一爻为阳爻，代表长男；巽（☴）第一爻为阴爻，代表长女；坎（☵）第二爻为阳爻，代表中男；离（☲）第二爻为阴爻，代表中女；艮（☶）第三爻即最后一爻为阳爻，代表少男；兑（☱）第三爻即最后一爻为阴爻，代表少女。

不仅六十四卦的整体如此，就某一卦而言，几乎也包含了世界变化的一切信息，一方面，六十四卦的任意一卦，上二爻代表天，中二爻代表人，下二爻代表地，构成所谓天地人三才之道；另一方面，六十四卦的任意一卦，都可以变化出其余六十三卦的任意一卦，换言之，任意一卦，都包含有其余六十三卦的全部变化，隐含有六十四卦的全部信息。这就是八卦的"全息性"。刘长林先生认为，六十四卦"其中一卦的信息为显性，其余六十三卦的信息为隐性，潜在地存储于卦体之中。而处于流转循环之中的六十四卦，正可谓一卦内涵的尽性展开"。

六十四卦的排列顺序很有讲究：以乾坤天地开端，以其余各卦代表的各种事物及其变化居于其中，却以《既济》卦和《未济》卦结束。《既济》卦表示成就，表示完了，而《未济》则表示还没有成功，没完没了。"既济"之后是"未济"，又开始一个循环，六十四卦的全体及其排列，就是世界变幻无穷、循环往复的整体结构。

据刘长林先生研究，《周易》书名之"周"字，并非周文王之"周"。我们知道，易有三易，即《连山易》《归藏易》《周易》。"连山""归藏"都不是地名，《连山易》以《艮》卦为首卦，《艮》卦代表山，"连山"二字意为"卦象如山之连绵不绝"。《归藏易》以《坤》卦为首卦，"归藏"二字意为"万物莫不藏于地中"。以此类推，《周易》之"周"，也不是地名，而应是指卦的特征"周而复始"，所以《周易》书名本身就有循环往复、变化无穷之意。

阴阳五行的关联与变化

阴阳观念与八卦的结合，形成了八卦的变幻与联系观，使得易学最终成为了"关系学"。读《周易》不是简单的、静止的、孤立的文本解读，解卦更不是简单孤立的卦爻辞阐释，更多的是从整体上把握卦的象数关系的变化。例如，八卦每一爻的解读，既要看其本身的阴阳属性，更要看其所处卦的整体属性，看它在卦中所处的位置，是处于内卦还是外卦，看其相邻的爻的性质。任一爻，其最终的性质，是由该爻本身的阴阳、整体卦象、所处位置、相邻爻之属性、前后关系的合力决定的。也就是说，爻处在多层的结构关系中，远非孤立的元素。

后来五行的加入，从文化的主导地位而言，八卦实际上已让位于五行，最终阴阳与五行的结合，构成中国文化的最基本观念。而阴阳五行最突出的理念便是联系与变化。如果说传统的阴阳观念还有点崇阳抑阴，具有阳性崇拜的因素（尤其在《周易》之中），而到了五行观念中，则变成了金木水火土，五行无主无从、相生相克，木生火，火生土，土生金，金生水，水生木；金胜木，木胜土，土胜水，水胜火，火胜金。

阴阳五行学说是一种关系为王的学说。在阴阳五行学说看来，整个宇宙按阴阳五行法则组织，同声相应，同气相求。世界就是在阴阳二气作用的推动下，金木水火土五种最基本的物质相互滋生、相互制约，而形成一个运动变化的整体。

阴阳五行学说对中国古代哲学、科学有着深远的影响，中国的天文学、气象学、化学、算学、音乐和医学，都可以说是在这种学说的启发协助下发展起来的。

"气"与"太极"的整体流变

西方哲学是原子论哲学，认为一切物质都是由一个个细小的不可再分的原子构成的。而中国哲学则是元气论哲学，认为气是万物的本原，是天地万物相互感应的中介。气有阴阳二气，有五行之气，正是阴阳五行之气的交互作用，氤氲合和，产生宇宙万物，形成万物的多种多样的连续不断的发展与变化。朱熹说："天地只是一气，便自分阴阳，缘有阴阳二气相感，化生万物，故万物未尝无对。"

原子的特点是局部的，孤立的，分散的；气则刚好相反，它弥散而充盈，连续而流动，无孔不入，无边无际，连绵不断，浑然一体，即所谓"一气灌注""一气流行"。孟子说："其为气也，至大至刚，以直养而无害，则塞于天地之间。"

但是"气"的运转流行是一个什么样的状态呢？哲学家为了说明这个问题，画出了中华第一图——太极图。"太极"之说源于《周易》："易有太极，是生两仪，两仪生四象，四象生八卦。"太极，就是阴阳二气的运行流转，太极图就是对阴阳二气流转情况的形象描述。据说太极图产生于原始时代，已不可考。直到五代宋初，道士陈抟不知从哪里得到了太极图，将其传给其学生种放，种放传给穆修等人。

后来，穆修将其传给周敦颐，周敦颐著《太极图说》加以解释。现在我们看到的"阴阳鱼"太极图，即周敦颐所传。太极图由S形的黑白双鱼拼合成一个圆形的整体，其中的S形曲线，表示万事万物的

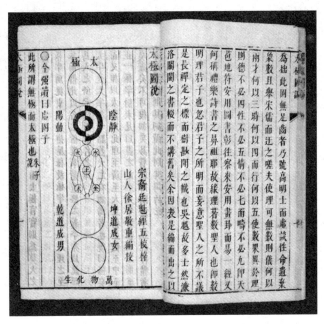

《太极图说》书影（清初刻本）

变化都包含互为依存、消长互动、渐进互变、生生不息的阴阳两面，双鱼头部的鱼眼与鱼本身的黑白颜色刚好相反，表示阴阳关系的复杂性、相互包含性和自身向对立面的互转性。正像朱熹所说："太极只是一个浑沦底道理，里面包含阴阳、刚柔、奇耦，无所不有。"（《朱子语类》）

中医的系统观

西医学是基于解剖的学问，虽然也关注人体的整体性与各器官的关联性，但还是以"分割"为主要特征，从西医细致的分科就能说明这一点。中医学则是基于整体观察的学问，其理论体系中的精气、阴阳、五行、藏象等学说的形成，莫不是注重宏观观察的结果。它将人体当作一个整体去观察与把握，运用五行生克理论去探讨各系统之间的关系，认为人体生理功能的平衡依赖于五脏六腑的协同配合和五运六气的相互影响乃至于人与人之间的情感联系，因而治疗无非就是调节各部分各系统之间、人体与环境之间的动态平衡关系。于是头痛不一定医头，脚痛不一定医脚。尤其经络学说，肝、胆、心、肺、肾、胃、大肠、膀胱诸经，并非就在肝胆心肺肾胃大肠膀胱处，往往是遍布全身。

中医的针灸取穴法讲究"病在上者，下取之；病在下者，高取之；病在头者，取之足；病在腰者，取之腘（guó，膝弯）"。(《黄帝内经·灵枢·始终》) 中医更有一种全息思想，认为人体内各器官包含人体的全部信息，局部实际上是整体的缩影，因而人体各个局部出现的变化都与整体机能有关。于是中医有了四种传统的诊断手段——望闻问切，根据"内外相应，同类相从"的原则，诊察人体的某些部位，如舌、耳、寸口、面部、足掌面等，以判断人的整体状态，测知内在脏腑的不同性质和不同层次的病变。

另一方面，中医更将人体置于整个环境系统之中，认为生命的整体也不是一个孤立的存在，而是与整个自然界息息相关，人体本身也包含了整个宇宙的信息。也就是说，人本身是一个有机整体，人与环境也构成了一个有机整体。因而在治病养身时，都讲究维持人体自身内部以及人与外界环境之间的动态平衡与和谐统一。

围棋的整体、关联与平衡

围棋也是极具中国特色的文化符号。除了极端简约性的特点之外，整体性便是它另一个重要特点。围棋只有黑白两种棋子，它们既无身份又无级别，既无个性，也没有独立性，没有特别的功能，没有特殊的任务，没有具体的攻击目标，全凭其在全局中与他子的关联；孤立棋子作用有限，连子成片，则势不可当。防守时，也没有特别的棋子需要保护，全凭全局形势进行判断。于是，整体意识、大局观、平衡观成了围棋的重要思维。弈棋时，特讲究布局，每一步都在考虑攻守平衡、力度平衡、取舍平衡，要让表面看似毫无关联的棋子，隐伏未来的联系。

语言文字的整体思维法则

先看几组句子。"骏马秋风蓟北，杏花春雨江南。""今宵酒醒何处，杨柳岸晓风残月。""枯藤老树昏鸦，小桥流水人家，古道西风瘦马。夕阳西下，断肠人在天涯。"中国文学里这样的例子不在少数，用纯粹几个名词，中间没有任何连接词，却呈现出完整的意境，也不会给读者造成阅读障碍。这就是汉语，其句子内部语法关系几乎没有什么形态标志，全凭各要素的语义关系，形成一个表意的整体，即使缺胳膊少腿，甚至是缺少了主要的连接词和主体成分（如主语、谓语都可省略），也不影响表达。还有大量多义现象，一词多义、多功能而字形不变，全凭上下文猜测。

著名汉学家高本汉说，读汉语文章，往往只能参照上下文去理解，这需要很发达的猜测力才能确定说话或写字的人在句中的实际意思。古人写文章，不用标点，整篇文章密密麻麻一大堆，加上各种成分的频繁省略，外国人可能觉得像在读天书，汉民族却对此习以为常。钱基博先生认为汉语的特点是"字之精神，寄于句；句之精神，寄于篇章"（《国文法研究》）。所以，中国传统的阅读方法是"以大观小"。元代教育家程端礼说："既于大段中看篇法，又于大段中分小段看章法，又于章法中看句法，句法中看字法，则作者之心不能逃矣。"（《读书分年日程》）在篇中理解段，在段中理解句，在句中理解词，形成一种整体的语境依赖。楼宇烈先生称之为"语境思维"。

中国文字的发展更是遵循了整体法则。

在讨论"立象尽意"时，我们曾提到汉字发展"观物取象，以象尽意"的特点。著名古文字学家唐兰先生说，中国古文字的发展经历了三个阶段，第一是"象形字"阶段，其思维方式主要是"观物取象"，即从"物"到"象"；第二是"象意字"阶段，其思维方式主要是"综合取象"，就是在"取象"时既观物，又体意；第三是"形声字"阶段，就是既"取象"又"取声"。前两个阶段的"取象"，无疑是整体观，而形声字阶段，将"象"与"声"一并收取，其系统思维的层次更高了。它不像西方表音文字纯粹分析语言的"音素"，任意一个汉字，都是形音义俱全的完整的结合体。

尤其值得注意的是，虽然汉字的字形是由一些部件组合的，但先民对组成汉字整体的部件却并不十分重视，比如，形声字并没有完整科学的意符系统，且同一个意义可用不同的意符表示，如"衣、纟、巾"均表衣服；同一意符（部首）表达的意思又不尽相同，如"然"与"焉"的"灬"；同一音可用不同的音符表示，而同一音符所表读音实际差距又很大，如"煮、著、都、堵、啫、奢"均以"者"为音符。意符、音符的位置也并不固定，如"群、裙、宭、裵"，"君"这个音符放在上下左右都可以；甚至同一个字因为意符、音符的位置不同而形成了异体字，如"群、羣"，由此产生了大量的异体字。

这说明我们的先民对汉字音符、意符这两个元素相对并不重视，看重的是一个个汉字的整体呈现。识字的过程，则是先整体，再局部，再合成整体。民族的系统思维方式就在这种"整体—局部—整体"的反复训练中逐渐得到强化。

系统思维的多重表现

本书论及的许多文化观念，都指向整体思维。

如天人合一的宇宙观。在古人心中，宇宙是一体的。"天地合而万物生，阴阳接而变化起。"（荀子）"秋早寒，则冬必暖矣；春多雨，则夏必旱矣。"（《吕氏春秋》）同样，人天一体，主客相融，自然与人事、自然与人格也构成了整体："人之与天地也同，万物之形虽异，其情一体也。"于是可以道法自然："故古之治身与治天下者，必法天地也。"（《吕氏春秋》）。

天人合一，天是大宇宙，人是小宇宙，于是"万物皆备于我"（孟子）。家国原是一体，家是小国，国是大家，于是"欲治其国者，先齐其家；欲齐其家者，先修其身"(《大学》)。

整体与局部相互依存："天下大乱，无有安国。一国尽乱，无有安家。一家皆乱，无有安身。此之谓也。故小之定也，必恃大；大之安也，必恃小。大小贵贱，交相为恃。"(《吕氏春秋》)人在万物之中，"爪牙不足以自守卫，肌肤不足以扞(捍)寒暑，筋骨不足以从利辟害，勇敢不足以却猛禁悍，然且犹裁万物，制禽兽，服狡虫，寒暑燥湿弗能害，不唯先有其备，而以群聚邪"(《吕氏春秋》)。正是人群的社会性、整体性，使人可以战胜鸷禽猛兽。

事物之间有着千丝万缕的联系，于是有了"有无相生""难易相成""福祸相依"。李约瑟说，中国人不像西方人那样将宇宙构想为一系列事件串成的因果之链，而是将宇宙过程描述为相互交织的事件之网，于是我们形成了高度发达的辩证思维。

宇宙万物构成一个不可分割的整体，于是我们不喜冲突，重视和谐与平衡，认为人与自然、自我与他人、文化与文化，应该是一种和谐共生的关系。就像美国汉学家牟复礼认为的那样："上古中国人构想的宇宙运行机制只需用内在的和谐与世界有机部分平衡来解释就够了。"

因为世界是整体的，事物之间是相互联系的，于是，我们的研究也不能分门别类，孤立而行，因此与西方充分重视分科的文化不同，中国传统文化是文史哲熔于一炉，农工医整体对待，治国修身一体两用。

正因为宇宙是一个整体，我们认识世界的方式便不是分析的方式，而是偏重整体的观察，偏重直觉与意会。

正因为宇宙是一个整体，尽管其内部是复杂的，但其整体的表现却是简单的，纯粹的，于是我们信奉大道至简。

的确，中国思维是一种"更执着于存在的连续和自然的和谐；中国人的宇宙是动态的有机体"(杜维明)，"当年轻的欧洲还在无法调和的矛盾中不断挣扎的时候，中国的文化已经达到了明智的综合统一"(李约瑟)。

这种强调以整体观、连续观、动态观、关联观来观察分析事物的系统思维，有利于把握事物的全局，有利于研究事物之间的联系和动态的发展，避免了只见树木不见森林，避免了头痛医头、脚痛医脚，是一种战略性思维。

但中国古代的系统思维，还只是一种朴素的系统思维，它由此带来的思维的含混、笼统、模糊，忽视对事物的精细分析和精准的把握，依赖于直觉意会，没有形成完整的形式逻辑，从而使得科技和学术的发展后继乏力，这也是应该注意的。

 撷 英 掇 华

《 原典 》

大小贵贱，交相为恃

季子①曰："燕雀争善处于一室之下，子母相哺也，姁姁②焉相乐也，自以为安矣。灶突③决，则火上焚栋，燕雀颜色④不变，是何也？乃不知祸之将及己也。"为人臣免于燕雀之智者，寡矣。夫为人臣者，进其爵禄富贵，父子兄弟相与比周⑤于一国，姁姁焉相乐也，以危其社稷。其为灶突近也，而终不知也，其与燕雀之智不异矣。故曰："天下大乱，无有安国。一国尽乱，无有安家。一家皆乱，无有安身。"此之谓也。故小之定也，必恃大；大之安也，必恃小。大小贵贱，交相为恃，然后皆得其乐。(《吕氏春秋·有始览·谕大》)

①季子：人名，生平不详。②姁姁(xǔ)：喜悦自得状。③灶突：烟囱。④颜色：脸色。⑤比周：相互勾结，结党营私。

文本大意 季先生说："燕子和麻雀在房檐下争夺好地方，母鸟哺育幼鸟，欢乐自得，自以为很安全。灶上的烟囱断裂，火苗上窜，屋梁燃烧，可是燕子和麻雀却安然自若，为什么呢？因为它们不知灾祸将降到自身。"作为人臣，千万不要像燕子和麻雀那样见识短浅，可有见识的人太少了。做臣子的，如果只顾自己的爵禄富贵，父子兄弟在一国之中结党营私，欢乐自得，只会危害自己的国家。他们离灶上烟囱已经很近了，而始终不知危险将临，这样的人，其智慧与燕子和麻崔有什么不同呢？所以说："天下大乱了，就没有安定的国家。整个国家都乱了，就没有安定的采邑领地。整个采邑领地都乱了，就没有平安的个人了。"说的就是这种情况。所以小家庭的安定要依赖大家庭，大家庭的安定也必须依赖小家庭。小大贵贱，互相依赖，然后才会有快乐。

《黄帝内经》[①]论"生气通天"

黄帝曰：夫自古通天者，生之本，本于阴阳。天地之间，六合[②]之内，其气九州、九窍、五藏、十二节[③]，皆通乎天气。其生五[④]，其气三[⑤]。数犯此者，则邪气伤人，此寿命之本也。

①《黄帝内经》：中国最早的医学典籍，相传为夏部落联盟首领黄帝所著。一般认为成书于西汉。②六合：天地四方。③九州：自古华夏分为九个区域，即"九州"，分别是：冀、兖（yǎn）、青、徐、扬、荆、豫、梁、雍州。九窍：人体两眼、两耳、两鼻孔、口、前阴尿道和后阴肛门。五藏：即五脏，指心、肝、脾、肺、肾。中医谓五脏有藏精气而不泻的功能，故名。十二节：指人体四肢的肩、肘、腕关节和髋、膝、踝关节。④其生五：指阴阳二气生成"金木水火土"五行。⑤其气三：指气分为三阴三阳。

文本大意 黄帝说：自古以来，人的生命活动与自然的变化息息相通，这是生命的根本，其根本核心就是阴阳。天地之间，宇宙之内，大如九州之域，小如人的九窍、五脏、十二节，都与自然之气相通。自然之气有阴阳，阴阳再化生出地上的五行之气，五行之气又分为三阴三阳。如果经常违反自然阴阳变化的规律，那么邪气就会伤害人体。因此，适应自然阴阳的规律是寿命得以延续的根本。

名言

◎天时不如地利，地利不如人和。（战国·孟子）

◎天下大乱，无有安国。一国尽乱，无有安家。一家皆乱，无有安身。（《吕氏春秋》）

◎尝一脔（luán，切成小块的肉）肉而知一镬（huò，古代的大锅）之味，一鼎之调。（《吕氏春秋》）

◎秋早寒，则冬必暖矣；春多雨，则夏必旱矣。（《吕氏春秋》）

◎见一叶落而知岁之将暮。（《淮南子》）

◎月晕而风，础润而雨。(宋·苏洵)

◎天地之塞，吾其体；天地之帅，吾其性。民，吾同胞；物，吾与也。(宋·张载)

◎牵一发而动全身。(清·龚自珍)

◎单丝不成线，独木不成林。(俗语)

成语

◎相生相克：中国古代指金、木、水、火、土五种物质的互相生发以及互相克制的关系；后引申为物质之间的辩证关系，一物降一物。

◎相辅相成：指两件事物互相配合，互相补充，缺一不可。

◎辅车相依：像颊骨和牙床一样，互相依存，形容关系非常密切。

◎唇亡齿寒：唇没有了，牙齿就寒冷。比喻双方息息相关，荣辱与共。

◎纣为象箸：意即"见微知著"。纣王以象牙为筷子，他的叔父箕子感到恐惧，因为以象牙为筷，相应地，餐具、食物也一定会非常奢侈。

◎牵一发而动全身：比喻动极小的部分就会影响全局。

第 11 课

格物致知：艰难曲折的理性求真之路

格物致知：推究事物的原理，从而获得知识。语出《大学》："欲正其心者，先诚其意；欲诚其意者，先致其知。致知在格物。"

在中国文化理念里，"格物致知"的遭遇颇有点喜剧味道。

格物致知与阳明格竹

关于"格物致知"，大家最熟悉或者最津津乐道的恐怕是王阳明的"格竹子"。

王阳明是中国明代的大儒，宋明理学的重要代表人物，被称为一代圣人。他所创立的阳明学，影响巨大，甚至远及日本。

王阳明年轻时非常崇拜朱熹，精研朱熹理学。朱熹在《补格物致知传》中说，获得知识的途径在于认识、研究万事万物。人的心灵都具有认识能力，万事万物又都总有一定的原理，只不过这些原理还没有被彻底认识，所以显得对知识的认知很有局限性。只要长期用功，总有一天会豁然贯通，认识清楚万事万物的里外巨细，自己的内心便再也不会蔽塞。

王阳明非常信奉朱熹的格物致知之说，二十一岁那年，他跟一个精研朱子理学的学友说，要做圣贤，就要格天下之物，便指着院子前面的一丛绿竹，说："我们就来格这竹子吧。"但两人都不知道怎么去"格"，讨论了半天，也没个头绪，王阳明便说："那我们就盯着它看，竹子自会闪现出道理。"于是两人便坐在竹子前，整天坐在那里，匆匆吃饭，草草睡觉。哪知一连"格"了三天，却什么也没有"格"到。他的那位同学头昏脑胀，忽然感到竹子在飘飞，天地在旋转，

朱熹像

原来，他已产生幻觉，无法支撑。他便对王阳明说："我不行了，你继续去做你的圣贤吧。"学友的离开并没有动摇王阳明格竹的信心，他依然坚持盯着竹子看，但是，到第六天，他不仅出现了幻视，还出现了幻听。他似乎听到竹子在说话，在讥讽他笨，甚至听到所有竹子在哄堂大笑，王阳明十分气恼，便使劲吼道："你们本来就毫无道理，我怎么格得出来！"其实，他这时什么也没有喊出来，一切不过是幻觉罢了。但至此之后，他就觉得朱熹的格物致知有问题。

这就是历史上著名的"阳明格竹"。到底是朱熹对格物致知的理解错了，还是王阳明的"格竹"闹了笑话，或者是"格物致知"这一传统观念本身就有问题？这就要回忆一下格物致知这一概念的历史了。

突如其来与重见天日

我们说格物致知的历史遭遇有喜剧的味道，不仅仅因为王阳明的格竹，还因为它本身的历史。

本来，在知识论上，原始儒学本就不大关心与做人关系不大的知识的探究，不大关心自然的知识，所以"子不语怪力乱神"。这一方面，产生了一种敬天的思想，一种尊重自然的思想，另一方面，它可能缺少了一种对真知的探究，尤其是对科学知识的探究。孔子建立的知识系统是伦理知识系统，是以人为中心的、教导人怎么做人的知识系统。

说来奇怪，在儒家的早期著作中，如《论语》《孟子》，都没有提到格物致知。不知怎么到了后来的《大学》，就突然蹦出了这么一个概念。相传，《大学》的作者为孔子弟子曾参，但这个说法不见得可靠，近代学者多认为《大学》产生于秦汉之际。先秦儒家可能还没有产生"研究外物以获取知识"的"格物致知"的思想，按照孔子的思想逻辑，的确也难以形成"研究外物以获取知识"的基本观念。但到秦汉间怎么就突然有了这一观念呢?这是第一个奇怪的因素。

而第二个奇怪的因素是:《大学》一文的总纲提出了儒家修身治国的"三纲八目",其中"三纲"——"明明德""亲民""止于至善"应该是目标,"八目"应该是到达"三纲"的八种途径。在阐述"八目"的关系时,作者采用了层层递进的反推法:欲明明德,先治其国;欲治其国,先齐其家;欲齐其家,先修其身;欲修其身,先正其心;欲正其心,先诚其意;欲诚其意,先致其知。致知在格物。最终落脚点在致知,在格物。然后作者又从致知开始,以致知格物为基础,顺推。

这样,"八目"的落脚点和核心实际上都是"格物","格物致知"被提到无以复加的高度。可是,接下来汉儒在为这三纲八目做具体解释(朱熹称之为《大学》的"传")的时候,为"三纲"和其余"六目"都做了具体的解释、阐述,偏偏漏掉了"格物致知"这个落脚点。从此,"格物致知"这四个字几乎沉睡了千年,直到宋朝史学家司马光将《大学》从《礼记》中抽取出来,独立成篇,并写了《致知在格物论》,才旧事重提,才让格物致知重见天日。后来经与司马光几乎同时代的理学家程颐的阐释,再到后来的理学家朱熹在编订四书时临时补写了一段《补格物致知传》加进去,算是补齐了对"三纲八目"的所有解释,并让格物致知从此火了起来。所以现在流传的《大学》版本,有的直接收入了朱熹补写的《补格物致知传》,有的则没有这篇文章。这也应该是一怪吧。

这里要讨论一下,为什么沉寂千年的格物致知,怎么到了宋代就忽然火了起来呢?这与宋代的时代特征太有关联了。

宋朝是一个什么时代?也许不少人认为它是一个积贫积弱的时代,但事实上,它是中国文明继汉唐之后出现的一座高原!在这高原上,耸立着几座文化高峰,除了大家熟知的宋代文学(包括诗词、散文、话本等)之外,至少还有四座高峰。

在政治上,宋代迎来了一个改革的时代,胡适曾经把中国的11世纪称为"革新世纪"。在北宋,先是有范仲淹的革新,接着有王安石的变法。尽管王安石的变法以失败告终，但这种革新无疑引发了思考，带来了论争，形成了政治思想的高峰。

在宋代，产生了伟大的历史学著作《资治通鉴》。历史学不同于文学，它是比文学更富于理性思考的反思之学。

也正是在宋代，迎来了中国哲学的高峰，由周敦颐到二程及张载开启，再到朱熹高举大旗，到陆象山再起波澜，宋代理学不但是儒学的集大成者，而且借鉴道家、佛家尤其是禅宗的思想，形成了中国哲学史的一个高峰，将中国文化带入一个理性思辨的时代。

有一个故事颇能说明宋代的理性思辨特色。南宋淳熙二年（1175年）在江西信州鹅湖寺（大约在今天的江西上饶市铅山县鹅湖镇）举行了一次著名的哲学辩论会。宋代哲学发展到南宋，产生了严重分歧，一派为朱熹的理学，强调"格物致知"，主张通过格外物来穷尽事物之理，主张多读书，多观察事物，根据经验加以分析、综合与归纳，然后得出结论。一派为陆九渊的心学，他们认为"心即理"，认为格物就是体认本心，认为心明则万事万物的道理自然贯通。因而明道的关键并不在于多读书、多观察，养心神才是最重要的。两派观点僵持不下。

当时有个叫吕祖谦的著名学者，为了调和朱熹"理学"和陆九渊"心学"之间的分歧，便出面邀请陆九渊兄弟到信州的鹅湖寺与朱熹见面，举行辩论。会上，双方就各自的哲学观点展开了三天激烈的辩论，双方各执己见，互不相让，最终不欢而散。这就是中国思想史上著名的哲学辩论会——"鹅湖之会"。由这次辩论会，可以看出宋代人的思辨精神。

也许是理学思辨精神的影响，中国科技在宋代进入史无前例的崭新时代，其科学技术的发展几乎达到了世界科学中心的高度。世界著名科学史家李约瑟在其皇皇巨著《中国科学技术史》中还曾论证过宋代理学对当时自然科学"黄金时代"形成的作用，他说："宋代理学本质上是科学性的，伴随而来的是纯粹科学和应用科学本身的各种活动的史无前例的繁盛。"

这四座高峰贯穿着一个精神，那就是理性精神。中华民族走到宋朝，已经具有了理性的全面自觉，宋代士子虽然绝不缺乏浪漫气质，但他们也更应该是中华民族发展史上最富于理性精神的一群。正因为如此，以至于在唐代用来抒情言志的诗歌，到了宋代，也要打上理性思辨的烙印。

怎么思辨？用什么思辨？宋代的文化人需要一种思辨的工具。胡适先生说，宋人在文化的整理中，在历史的研究中，从一本儒家小书里发现了新的方法、新的工具，这本小书就是礼记中的《大学》，他们发现的这个新工具就是"格物致知"！而首先发现它的就是那位在进行历史反思的著名史学家司马光，将其发扬光大的便是宋代的理学家们。这也许就是"格物致知"沉睡千年之后在宋朝大放光彩的历史原因。

理解分歧致兜兜转转

但历史的喜剧性在于，这沉寂千年终于可以发光发热的"格物致知"不料又差点兜了回去，这就是我们要说的"格物致知"在历史发展过程中的第三怪：对其理解的严重分歧。在历史的传承过程中，虽然对儒学的概念总会有不同的理解，但其中分歧最大的莫过"格物致知"，其分歧之大，以至于几乎完全对立。

这种分歧也是有原因的。其一，提出该概念的原著对此没有做出任何解释，这给后来的儒者留下了太多的争论空间。其二，按照司马光、二程、朱熹等宋代学者解释的"格物致知"的理念，本就与原始儒学有些格格不入，《礼记》的《大学》全文在为其总纲"三纲八目"作注时，竟然唯独没有解释"格物致知"，这恐怕是受孔子对待自然知识的态度影响。其三，后来儒学的分歧，也就是宋明理学的分歧。

对格物致知概念的理解，其最大分歧恐怕在朱熹与王阳明之间。

朱熹对于格物致知的理解，应该是承接司马光尤其是程颐而来。

程颐说:"知者吾之所固有,然不致则不能得之,而致知必有道,故曰'致知在格物'。"(《二程遗书》)就是说,人内在固有的知识,要通过格外物来激发,来获取。程颐等理学家讲的是人的伦理精神等方面的知识,南宋的朱熹继承并发展了程颐的思想,指出:"格物、致知,便是要知得分明;诚意、正心、修身,便是要行得分明。"(《朱子语类》)也就是说,要通过理性的思考来获取道德修养的相关精神知识与营养。所以,他认为,物心同理,欲明心中之理,不能只靠反省,必以"格物"为方法。穷尽万物之理后,心中所具之理方能显现出来。

虽然朱熹们对格物致知的理解跟我们今天的理解有很大不同,他的理解仍属一种"心性工夫",是从人心已知之理推到未知领域。但是,正像钱穆先生所评述的,若从现代观念言,朱子言格物,其精神所在,可谓既是属于伦理的,亦可谓属于科学的。朱子所谓的"理",同时兼包有伦理与科学两方面。

但是,王阳明通过七天莫名其妙的"格竹",却否定了朱熹的格物致知,他觉得此路不通,于是从潜心于程朱理学而转向佛学,终究因不得其要,转入陆九渊的"心学",让朱熹的格外物转而走向探究内心,他说:"天下之物本无可格之者,其格物之功只在身心上做。"(《传习录》)他的"格物"只是"涤非",即格去内心污粗之物,"致知"是致良知,即达到人初始本身具备的良知。

至此,我们可以对"格物致知"的理解分歧做些小结。宋儒和王阳明对格物致知的理解,有一点是一致的,那就是"格物致知"的"知",本质上都是道德良知,只是由于宋儒"格物"偏重格外物,于是,其"知"自然会多些事物之理的因素;而王阳明的"知"则是纯粹的道德良知。

两派的分歧点在于对"格"与"物"两个字的理解:宋儒将"格"理解成"推究",将"物"理解成一切事物,更主要的是外物,"格物"便是从外物推究知识。王阳明则将"格"理解成"格格不入"的"格",理解成阻止、搁置、剔除,将"物"理解成心中的"污物","格物"就是剔除心中之污物,还原心的本来面目,"格物致知"便是"剔除心中污物，恢复本来的良知"。这样，两派的方向刚好相反，宋儒向外，阳明向内。也许，阳明的向内可能更接近《大学》"格物致知"的原意，因为《大学》谈到"格物致知"时的语脉是这样的："欲修其身者，先正其心；欲正其心者，先诚其意；欲诚其意者，先致其知。致知在格物。"《大学》是将"格物致知"作为"正心诚意"的方法或者条件的，换言之，"格物致知"是一种心上的工夫，应该是向内的。但就其历史价值而言，宋儒的发挥更具有科学探究的意义。

真是具有喜剧感，在中国文化史的源头，虽然有重视对客体世界思考的老子，但儒家是占主导地位的，从孔子开始，就不重视对"物理"的探究。经历一千多年，兜兜转转，走到宋朝，终于到朱熹这里开始有了"探究物理"的欲望，如果朝这个方向走，也许就走向了"实事求是"的追求真知的路途。可是好景不长，明代的王阳明"七天格竹"，然后玩了一个太极手法，将格物致知的"格物"解释为"格心中之物"，而并非探究心外之物，格物的目的也不是探求真知，而是为了达到"致良知"，文化的意愿又回到心性之学、伦理之学，由些许可能的科学转向，又完全回到了探究道德内心。绕了一千多年，还是没能跳出孔孟伦理哲学的藩篱。

好在后来有了徐光启、利玛窦、王夫之、颜元等人的重新解读，尤其到1633年意大利传教士高一志刊行的《空际格致》的传播，"格物致知"终于走上了科学探求的道路。清末的洋务学堂，已经明确将物理、化学等学科称为"格致"。格致之学，终于具有了科学的价值！

撷英掇华

《原典》

朱熹《补格物致知传》①

所谓致知在格物者，言欲致吾之知，在即物而穷其理也。盖人心之灵莫不有知，而天下之物莫不有理，惟于理有未穷，故其知有不尽也，是以《大学》始教，必使学者即凡天下之物，莫不因其已知之理而益穷之，以求至乎其极。至于用力之久，而一旦豁然贯通焉，则众物之表里精粗无不到，而吾心之全体大用无不明矣。此谓物格，此谓知之至也。（朱熹《四书章句集注》）

①《大学》在分别阐述"三纲八目"即"明明德""在亲民""在止于至善"和"修身""齐家""治国""平天下""诚意""正心""格物""致知"时，唯独没有解释"格物"与"致知"，朱熹为此补齐了对格物致知的阐释。有的版本直接将朱熹的补文放入了《大学》原文。朱熹（1130~1200）：字元晦，号晦庵，谥文，世称朱文公。江西婺源人。宋朝著名的思想家、哲学家、教育家、诗人，儒学集大成者，程朱理学的代表人物。

文本大意 说获得知识的途径在于认识、研究万事万物，是说要想获得知识，就必须接触事物而彻底研究其中的原理。人的心灵都具有认识能力，万事万物又都总有一定的原理，只不过这些原理还没有被彻底认识，所以显得知识很有局限性。因此，《大学》一开始就教学习者接触天下万事万物，用自己已有的知识去进一步探究，以彻底认识万事万物的原理。经过长期用功，等到有一天豁然贯通，到那时，万事万物的里外巨细都被认识得清清楚楚，而自己内心的一切认识能力都得到淋漓尽致的发挥，再也不会蔽塞。这就叫认识研究万事万物，这就叫知识达到顶点了。

王阳明论"格物致知"

先生曰："先儒解'格物'为'格天下之物'，天下之物如何格得？

且谓'一草一木亦皆有理'，今如何去格？纵格得草木来，如何反来诚得自家意？我解'格'作'正'字义，'物'作'事'字义。《大学》之所谓身，即耳、目、口、鼻、四肢是也。欲修身便是要目非礼勿视，耳非礼勿听，口非礼勿言，四肢非礼勿动。

"……故欲正其心在诚意。工夫到诚意，始有着落处。然诚意之本，又在于致知也。所谓人虽不知而己所独知者，此正是吾心良知处。然知得善，却不依这个良知便做去；知得不善，却不依这个良知便不去做。则这个良知便遮蔽了，是不能致知也。吾心良知既不得扩充到底，则善虽知好，不能着实好了，恶虽知恶，不能着实恶了，如何得意诚？故致知者，意诚之本也。

"然亦不是悬空的致知，致知在实事上格。如意在于为善，便就这件事上去为，意在于去恶，便就这件事上去不为。去恶，固是格不正以归于正。为善，则不善正了，亦是格不正以归于正也。如此，则吾心良知无私欲蔽了，得以致其极，而意之所发，好善去恶，无有不诚矣。诚意工夫实下手处在格物也。若如此格物，人人便做得。人皆可以为尧舜，正在此也。"（王阳明《传习录·黄以方录》）

文本大意　王阳明认为格物不是研究天下万物，天下万物太多，各有其理，怎么去"格"呢，所以他将"格物"的"格"理解为"剔除"，"格物"就是剔除心中不正不善之念。正因为格去了心中的不善之念，使自己的良知不被私欲蒙蔽，良知呈现出来，就是"致知"了，所以，王阳明的"致知"就是致良知。合起来，王阳明的"格物致知"就是格去心中不善之念，而使自身的良知呈现出来。

❀ 名言 ❀

◎物格而后知至，知至而后意诚。（《大学》）

◎耳闻之不如目见之，目见之不如足践之。（汉·刘向）

◎横看成岭侧成峰，远近高低各不同。不识庐山真面目，只缘身在此山中。（宋·苏轼）

◎至于用力之久，而一旦豁然贯通焉，则众物之表里精粗无不到，而吾心之全体大用无不明矣。（宋·朱熹）

◎行之力，则知愈进；知之深，则行愈达。（宋·张栻）

◎白日依山尽，黄河入海流。欲穷千里目，更上一层楼。（唐·王之涣）

◎昨夜江边春水生，艨艟（méngchōng，古代战船）巨舰一毛轻。向来枉费推移力，此日中流自在行。（宋·朱熹）

◎人皆可以为尧舜。（明·王阳明）

成语

◎即事穷理：接触事物而穷究其理。

◎穷理尽性：彻底推究事物的道理，透彻了解人类的天性。

◎探赜（zé）索隐：探究深奥的道理，搜索隐秘的事迹。

◎拔树寻根：拔起大树就为了寻找树根，比喻追究到底，彻底查问。

◎研精覃（tán）思：精心研究，深入思考。

◎简练揣摩：琢磨研究。

第 12 课

仁者爱人：推己及人、以人为本的贤人作风

仁者爱人，意思是"仁"就是人与人之间的相亲相爱。语出《论语》："樊迟问'仁'，子曰：'爱人。'"

冯谖市仁

《战国策·齐策》中有这么一个故事，叫"冯谖客孟尝君"，讲的是战国时期齐国的孟尝君好士，门下有食客数千人，其中有一个门客叫冯谖。冯谖在孟尝君家曾弹剑唱道："长铗归来乎，食无鱼……出无车……无以为家。"孟尝君听到后，就真的让冯谖过上了"食有鱼、出有车"的生活，冯谖的母亲也得到了孟尝君的照顾。

有一天，孟尝君派人到薛地去收债，冯谖主动请缨，辞行的时候，冯谖问道："收齐债款，用它买些什么回来呢？"孟尝君说："看我家里缺什么就买什么。"冯谖将薛城老百姓的所有借据带到薛城后，把那些欠债的百姓都找来了。欠债的人看到孟尝君派人来收债，便带来了准备偿还的欠款，谁知，等把借约核对完了，冯谖竟然假托孟尝君的命令说，所有的借款都不用还了，并当众将所有的借据全部烧掉，这时，百姓齐呼万岁。

处理完事情后，冯谖马不停蹄赶回齐国都城，孟尝君奇怪他为什么回来得这么快，便问道："债款全收齐了吗？"冯谖回答说："收齐了。"孟尝君又问："用它买了些什么呢？"冯谖说："您说'家里缺什么就买什么'，我考虑您府里珍宝、好狗、良马、美女，什么都不缺，唯独缺的东西要算'义'了，因此我替您把'义'买回来了"。孟尝君觉得奇怪：这"义"怎么个买法呢？冯谖说："如今您只有一块小小的薛地，却不能抚育爱护那里的百姓，反用商贾的手段向百姓取利息，我私自假传您的命令把借约烧了，百姓齐声欢呼万岁，这就是我给您买的'义'啊。"孟尝君自然很不高兴。

过了一年，齐湣王对孟尝君下了逐客令，孟尝君只好回到封邑薛城去住。走到离薛城还有一百里的地方，百姓扶老携幼，夹道欢迎孟尝君。这时，孟尝君总算明白冯谖为他买的"义"是什么了。

冯谖这里的"义"，实际上就是孔子尤其是孟子说的"仁"。

孔子倡仁

"仁"这个字，在《说文解字》里的解释是："仁，亲也。从人，从二。会意字。"就是说，它表达的是一种人与人的关系，指彼此之间相亲相爱。

"仁"是儒家思想体系的核心。"仁"的思想并非儒家的发明，应该在殷商时期就已经产生。如《诗经·郑风·叔于田》："不如叔也，洵美且仁。"其意思是：都不如打猎高手阿叔，不仅确实美，而且确实做到了"仁"。《诗经·齐风·卢令》："卢令令，其人美且仁。""卢"是黑毛猎犬，"令令"是象声词，模拟猎犬所戴项圈的声音。全句是说"黑犬颈圈叮当响，猎人英俊又善良"。但将"仁"特别提取出来成为文化核心理念的，是儒家，是孔子。

孔子学说是一种道德伦理学说，而孔子伦理哲学的核心便是"仁"，因此，《论语》一书，每一章每一节，或直接或间接几乎都涉及"仁"。《论语》全书共20章，512节，15900多字，"仁"字共出现109次。此外，"孝"19次，"忠"18次，"悌"5次，这些概念都是"仁"的引申，或是"仁"的概念的要素。可以说，《论语》全书论仁的概率，仅次于论君子，而孔子思想中的君子精神的核心就是"仁"，甚至可以说，论君子也就是在论"仁"。所以，"仁"在《论语》中的地位，在孔子思想中的地位，怎样评价都不会过高。

什么是"仁"？《诗经》中，可能还只是表达一般的"善良"的意思，但是孔子将其做了全方位的界定。

"仁"字从甲骨文到小篆的演变

在孔子看来，"仁"的本质是"爱人"，当樊迟问他"仁"是什么时，孔子毫不犹豫且干脆利落地回答，就两个字："爱人。"这几乎是整本《论语》中孔子回答问题最直接最干脆最爽利的一次。可见孔子对于"仁"的本质是经过了深思熟虑的。

"爱人"的表现，首先是孝悌，也就是孟子所谓的"亲亲"。孔子说，孝悌是仁之本。"仁"是个抽象的道德哲学概念，怎么转化为人的日常伦理行为呢？它首先就应表现为孝和悌。孝和悌也有先后，先是孝，然后才是悌。这是根本，是基于血缘的，因为没有孝悌，连禽兽也做不成。然后由孝悌推而广之，到怎么对待别人。因为孝，所以不犯上作乱，因为悌，所以己所不欲勿施于人，再加以概括上升，前者就是忠，后者就是恕。所以孔子说，"吾道一以贯之"。他的得意弟子曾参明白，"夫子之道，忠恕而已矣"。"忠"，由孝而来，"恕"，由悌而来。忠和恕，有具体的对象，再加以泛化、推广，就是爱民了。也就是孟子的所谓"仁民"。所以，谈到人生理想，孔子便说"老者安之，朋友信之，少者怀之"。"博施于民而能济众"是他的最高理想，尽管明知难以做到。

这里最应该关注孔子师徒评价管仲的故事。

管仲是春秋时代杰出的政治家和思想家，他本来是齐国公子纠的臣子。齐襄公时，国政混乱，管仲、召忽保护公子纠逃到了鲁国，鲍叔牙保护公子小白逃到莒（jǔ）国。在公子纠和公子小白争夺君位的过程中，管仲一箭射中小白带钩，小白倒地装死迷惑管仲，躲在帐篷车里日夜兼程赶回齐国，在齐国贵族的支持下，成为国君，即齐桓公。小白即位后发兵攻击鲁国，鲁国人害怕，就杀了公子纠，辅佐公子纠的召忽自杀殉主，管仲被囚禁起来。桓公要杀管仲，鲍叔牙认为管仲是治国奇才，如果要成就霸业，非管仲不可。桓公听从鲍叔牙的建议，把管仲接回齐国并委以政事。后来管仲不负所托，辅佐公子小白成就霸业，成为春秋五霸之一。

这样，管仲不仅没有为公子纠自杀殉主，反而辅佐旧主公子纠的仇人成就了霸业。所以孔子的弟子们在评价管仲时遇到了难题，他们

中国智慧
写给中学生的18堂国学新思课

死抠"忠孝"概念，认为在公子纠死后，作为公子纠的臣子的管仲不仅没有像召忽那样以身殉主，反而去辅佐公子纠的敌人，这是不忠，当然也就是不仁。这时，我们看看孔子的评价，看看孔子的"仁"到底是什么，看看孔子比弟子们到底高明在哪儿。孔子说，"桓公九合诸侯，不以兵车，管仲之力也。如其仁，如其仁！""管仲相桓公，霸诸侯，一匡天下，民到于今受其赐。微管仲，吾其被发左衽矣。岂若匹夫匹妇之为谅也，自经于沟渎而莫之知也"。齐桓公多次主持诸侯盟会，免除战争，这全是管仲的功劳，如果没有管仲，我们还不知生活在什么样的落后状态，管仲可以说是泽被苍生、遗惠后世之人，这不是仁是什么？所以，孔子的仁绝非"妇人之仁"，而是"博施于民而能济众"的爱民之仁。这也是孔子一生的追求。

可见孔子仁的核心其实不是孝悌，孝悌只是表现，它最终要指向的是爱民，是仁心的推广，是泽被苍生。所以，在分析儒家的"独善兼济"时，我们认为，儒家的独善不是目的，兼济才是理想，才是根本。儒家之所以能成为中华文化几千年的主流文化，不是没有原因的。

忠恕之道，仁者之道，一个重要表现就是爱生命，所以，马厩起火，孔子关心的不是财物的损失，而是人的生命；在办理丧事的时候，孔子总是难过得吃不下饭。最终，孔子的仁，由爱自己的父母兄弟，到爱其他人，到爱民，以致推而广之到爱物，所以他"钓而不纲，弋不射宿"，就是只用鱼钩钓鱼，不用渔网捕鱼；只射猎飞行的鸟，不射杀宿巢的鸟。这大概就是孟子的"爱物"。孟子的"亲亲、仁民、爱物"，就是孔子的仁者爱人思想体系的概括化。后来儒家"民胞物与"的思想观念，与孔子"仁者爱人"的思想体系是一脉相承的。

仁的价值体现在哪里？仁是孔子礼乐治国的伦理基础。孔子倡导礼乐治国，礼乐治国是政治层面，落实到具体的个人，就必须以仁的伦理来规范，所以他说："人而不仁，如礼何？人而不仁，如乐何？"仁是评价善恶的基本标准。只有仁者能"好人"（欣赏人），能"恶人"（讨厌人）；于是，"苟志于仁矣，无恶也"，"人而不仁"就容易乱。仁是为人的根本。所谓"据于德，依于仁"。仁是君子的担当和责任。君子当

"仁以为己任"，而且任重道远。

怎样才能达到仁的境界呢？关于仁的修养途径，孔子认为关键是自己的主观愿望，"仁远乎哉？我欲仁，斯仁至矣"。仁，就在心中，仁必须是发自内心的要求。也就是在这里，为宋明陆王心学埋下了种子。要做到仁，必须"博学而笃志，切问而近思"，要"非礼勿视，非礼勿听，非礼勿言，非礼勿动"；要与仁者为伍，谨慎择邻，谨慎交友，所谓"里仁为美。择不处仁，焉得知？"

孟子论仁

后来，孟子接过了"仁"这杆大旗，并将其高高举起，让其飘扬在战国时代的思想高地。

孟子主要从以下几个方面继承并发扬了孔子"仁"的思想。

一是对"仁"高度重视。"仁"是孟子思想的重要内容，《孟子》全书出现"仁"凡158次（据周文德博士统计，据笔者统计为160次），可见"仁"在孟子思想中的比例。

二是，他全面继承了孔子"仁者爱人"的思想，并从理论上梳理了孔子仁爱思想的体系。在孔子那里，"孝悌"是"仁"之本，然后由"孝悌"扩展到爱他人，包括君王与百姓，由此扩展到忠恕，最广的扩展是爱惜世间一切事物。孟子不仅直接将"仁者爱人"四个字第一次明确地组合在一起，而且将孔子"仁"的这一思想体系，最终概括为"亲亲仁民爱物"，明确将"仁"的内容分为三个等级，一是以血缘关系为纽带的亲爱，即"亲亲"；二是推己及人的仁爱，即"仁民"；三是由人及物的"爱惜"之爱，即"爱物"。

三是在仁爱思想体系的形成思路上，孟子明确提出了"推恩"观念，即所谓"老吾老以及人之老，幼吾幼以及人之幼"，而且他提出

"推恩足以保四海"，从价值论上对推恩做了高度肯定。孔子的仁爱思想体系就是由亲及友及民及物的，就是一种血缘关系的扩充，至孟子就明确提出了"推恩"的观念，也就是仁爱思想建立的逻辑理路。

这种由血缘加以推而广之的逻辑理路，并不是孟子的发明，也不是孔子的发明，这实际上是中国社会发展的传统的逻辑理路。中国文化是一种家国同构的文化，遵循的是一条由自身到家、到国最后扩展到天下的"推广"路径。侯外庐先生称其为"维新"的路径，所以到《大学》，就直接提出了"修身齐家治国平天下"的"由家而国"的伦理与政治一体化的思想。

四是，基于推恩的思考，孟子强调仁心之固有性。因为孟子伦理哲学的理论基础是"性善论"。所以他说，"人皆有不忍人之心"，"无恻隐之心，非人也"。正因为人皆有恻隐之心，"推恩"才有基础，才有广泛的伦理价值，所以"恻隐之心，仁之端也"，恻隐之心，是"仁"的发端。也正是这一基于性善论的"恻隐之心，人皆有之"，不仅为其推恩提供了理论基础，更为其仁政的政治思想提供了理论基础。

第五当然就是孟子的"仁政"思想。"仁政"是孟子的发明，是孟子政治思想的核心，体现了孟子对人民的深切同情和爱心。

孟子的仁政思想，理论基础是"仁"，核心是"民本"，理想是"王道"。

他从孔子那里接过"仁"这杆大旗，提出"亲亲，仁民，爱物"，这是他仁政政治理念的立论基础。

而孟子仁政的最大价值在于他的"民本"，民本思想是孟子对中国文化的最伟大贡献。孟子民本思想的伟大有三：

其一，他认为对一个国家来说，"民为贵，社稷次之，君为轻"，将民摆到了最高的地位。

其二，国君有过错，臣民可以规劝，国君屡劝不改，臣民可以推翻他。据《孟子·梁惠王下》一章记载，齐宣王问孟子，汤放逐桀，武王伐纣，有没有这样的事情？在齐宣王的心目中，这不是以下犯上的不忠表现吗？这不是很不符合你儒家的忠孝节义吗？不是很不符合你儒家的君君臣臣父父子子吗？齐宣王在给孟子出难题，所以当孟子回答说书上说过时，齐宣王不怀好意地说："臣弑其君，可乎？"这时，孟子理直气壮地反击道："贼仁者谓之'贼'，贼义者谓之'残'。残贼之人谓之'一夫'。闻诛一夫纣矣，未闻弑君也。"君不像君，杀之何妨！这就是伟大的孟子！也正是这一点，他破解了由孔子而来的儒家"忠君"思想可能导致"愚忠"的理论难题。

其三，在经济上，孟子主张"民有恒产"，因为"民之为道也，有恒产者有恒心，无恒产者无恒心。苟无恒心，放辟邪侈，无不为已"（《孟子·滕文公上》）；使他们"仰足以事父母，俯足以畜妻子，乐岁终身饱，凶年免于死亡"（《孟子·梁惠王上》）；让农民有一定的土地使用权，要减轻赋税；要使老百姓养生丧死无憾，让他们不饥不寒。当然，孟子的恒产论是土地国有制的井田制下的恒产论，这样的恒产论只能使劳动者稳定地占有、使用、经营国有土地。但在保证民生上，这是一个进步。

在孟子看来，只有真正做到了以民为本，做到了提高民的地位，为君者能勤谨为民，并能使民有恒产，保证民生，才是真正实现了"王道"。所谓"王道"，就是以仁义治天下。

后来的宋明理学、陆王心学，对此都有发挥。

 撷英掇华

《原典》

孔子论仁

樊迟问仁，子曰："爱人。"问知[①]，子曰："知[②]人。"樊迟未达，子曰："举直错诸枉[③]，能使枉者直。"樊迟退，见子夏，曰："乡[④]也吾见于夫子而问知，子曰：'举直错诸枉，能使枉者直。'何谓也？"子夏曰："富哉言乎！舜有天下，选于众，举皋陶⑤，不仁者远矣。汤有天下，选于众，举伊尹⑥，不仁者远矣。"(《论语·颜渊》)

①知：智慧。②知：了解。③错：同"措"，放置。枉：弯曲，不正直。④乡：同"向"，即刚才。⑤皋陶（gāoyáo）：与尧、舜、禹齐名的"上古四圣"之一。⑥伊尹：中国商朝初年著名贤相。

文本大意 樊迟问什么是仁。孔子说："爱人。"樊迟问什么是智，孔子说："了解人。"樊迟没有理解。孔子说："选拔正直的人，罢黜邪恶的人，这样就能使邪恶者回归正直。"樊迟退出来，见到子夏说："刚才我见到老师，问他什么是智，他说：'选拔正直的人，罢黜邪恶的人，这样就能使邪恶者回归正直。'这是什么意思？"子夏说："这话含义多么丰富啊。舜有天下，在众人中挑选人才，把皋陶选拔出来，不仁的人就被疏远了。汤有了天下，在众人中挑选人才，把伊尹选拔出来，不仁的人就被疏远了。"

孟子论仁

其一

孟子曰："君子之于物也，爱之而弗仁；于民也，仁之而弗亲。亲①亲而仁②民，仁民而爱③物。"(《孟子·尽心上》)

①亲：亲近，亲爱，以血缘关系为纽带的亲爱。②仁：仁爱，推己及人的仁爱。③爱：爱惜。

文本大意 孟子说："君子对于万物，爱惜它，但谈不上仁爱；对于百姓，仁爱，但谈不上亲爱。由亲爱亲人而推广到仁爱百姓，由仁爱百姓推而广之到爱惜万物。"

其二

孟子对曰①："地方百里②而可以王。王如施仁政于民，省刑罚，薄税敛，深耕易耨③。壮者以暇日修其孝悌忠信，入以事其父兄，出以事其长上，可使制梃④以挞秦楚之坚甲利兵矣。彼夺其民时，使不得耕耨以养其父母，父母冻饿，兄弟妻子离散。彼陷溺其民，王往而征之，夫谁与王敌？故曰：'仁者无敌。'王请勿疑！"(《孟子·梁惠王上》)

①孟子对曰：这里是孟子回答梁惠王。②地方百里：土地方圆百里。③易耨

（nòu）：及时除草。易：疾，快；耨：除草。④梃：棍棒。

文本大意 孟子回答说："凭借纵横百里的土地就能使天下归服。王如果向老百姓实行仁政，减轻刑罚，减少赋税，加强农业，这样年轻人在闲暇时就能修养孝顺父母、敬爱兄长、忠诚守信的品德了。以这样的品德在家侍奉父兄，在外侍奉上级，即使用木棒也可以抗击秦国和楚国的坚兵利甲。那些国家妨碍百姓适时生产，使百姓不能勤心耕作奉养父母，致使父母饥寒交迫，兄弟妻儿离散。他们使百姓陷于水深火热，王去讨伐他们，谁能抵抗得了您呢？所以说：'仁德的人是无敌的。'王请不要怀疑！"

名言

◎仁者必有勇，勇者不必有仁。（春秋·孔子）

◎知者不惑，仁者不忧，勇者不惧。（春秋·孔子）

◎夫仁者，己欲立而立人，己欲达而达人。（春秋·孔子）

◎己所不欲，勿施于人。（春秋·孔子）

◎苟志于仁矣，无恶也。（春秋·孔子）

◎仁远乎哉？我欲仁，斯仁至矣。（春秋·孔子）

◎知者乐水，仁者乐山。知者动，仁者静。知者乐，仁者寿。（春秋·孔子）

◎求仁而得仁，又何怨？（春秋·孔子）

◎志士仁人，无求生以害仁，有杀身以成仁。（春秋·孔子）

◎夫子之道，忠恕而已矣。（春秋·曾参）

◎士不可以不弘毅，任重而道远。仁以为己任，不亦重乎？死而后已，不亦远乎？（春秋·曾参）

◎亲亲而仁民，仁民而爱物。（战国·孟子）

◎爱人者，人恒爱之，敬人者，人恒敬之。（战国·孟子）

成语

◎仁者无敌：实行仁政，众志成城，天下无敌。

◎仁至义尽：以极大的努力竭尽仁义之道。现指对人的劝告、争取或帮助已尽了最大的努力。

◎居仁由义：内心存仁，行事循义。

◎宅心仁厚：人忠心而厚道。

◎杀身成仁：为了维护正义事业而舍弃自己的生命。

◎止戈兴仁：停止战争，施行仁政。

第 13 课

民为邦本：重视民心的治理理念

　　"民为邦本"，语出《尚书·夏书·五子之歌》："皇祖有训，民可近，不可下，民惟邦本，本固邦宁。"意思是人民才是国家的根基，根基牢固，国家才能安定。

民本思想，是中华民族文化史上出现最早的观念。本丛书所列中国传统文化的重要思想出现得比较早的是"民为邦本""和而不同""天人合一""家国同构""道法自然""直觉意会"，而这里面，最早史有明文的就是"民为邦本"。

五子之歌——历史之血的教训

夏朝是我国历史上第一个王朝，启是中国第一个帝王。他是大禹的儿子，按照古代的禅让制，禹死后启是不能继承君位的，于是禹将君位让给了伯益。但是，诸侯们纷纷离开伯益要追随启，大臣和百姓也支持他，于是启只好即帝位，从而开启了中国历史上的世袭制。

启将帝位传给了他的大儿子太康。但是，太康品行太差，贪图享乐，不理政事，经常在外田猎不归，劳民伤财，后来后羿发动战争，打败太康，并占领了太康的都城。

太康的五个弟弟和他们的母亲被迫逃亡。在逃亡过程中，他们伤心难过，经过多日逃亡，来到洛水之滨，面对滔滔洛水，悲从中来，想起当年他们的祖父大禹的告诫，不禁悔意连连，五兄弟相继作歌一首，表达亡国之悲，反思亡国之痛，这五首歌就是历史上著名的《五子之歌》。

《五子之歌》的第一首第一次唱出了"民惟邦本，本固邦宁"，体现了中国最早、最原始的以民为本的政治思想。而且，这不是一般的反思，也不是政治理论，这是实践的总结，这更是血的教训！

古公亶父——西周的仁爱之君

大家在看《封神演义》的时候，往往对伟大的西岐及西岐君王的得民心称颂有加。就是那个演绎八卦的周文王，被称为一代圣君，他奉行德治，提倡"怀保小民"，实行裕民政治，大力发展农业生产，划分田地，让农民助耕公田，有节制地征收租税，甚至不收往来商人的关税；他自身生活勤俭，穿普通人衣服，还到田间劳动。岐周在他的治理下，国力日渐强大，人民富庶，君臣一心，社会和睦，几乎被视为一片乐土。其实，周氏族原来并不在西岐这个地方，他们的远祖公刘居住在甘肃一带，后来迁徙到今天的陕西彬县一带。到周文王的祖父，才迁到西岐。

周文王的祖父名叫古公亶（dǎn）父，他继承父位当了周族的领袖，积极发展农业生产，将领地治理得富庶安康，深受臣民的爱戴。可是有一个叫"熏育"的北方少数民族，十分强悍，不断侵袭他们。这个熏育民族首先是掠夺财物，要求古公亶父送给他们大批财宝。古公亶父认为，财富给了还可以创造，只要没有战争，只要百姓安居乐业就行。于是就答应了他们，给了他们不少财宝。可是，这个民族贪得无厌，后来又发动进攻，并且提出要土地，要人民，否则就兵戎相向。给不给？大臣们不同意给，老百姓也不同意给，我们的土地，我们的百姓，凭什么给他们？

这时古公亶父对他的家人和下属说："将土地给他们吧，将人民给他们吧。我们走，我们另换一个地方。"他准备带着家眷、属官们离开当时他们所在的"豳（bīn）"这个地方。可是大臣们想不通，我们这么英明的领袖，怎么会将土地和人民拱手让人呢？怎么会如此示弱呢？这时，古公亶父说出了一番令人震惊的话，令所有大臣和人民感动不已，他说："老百姓为什么要拥立君主呢？无非是想要获得安定的生活，现在戎狄发动战争的目的就是看中了我们的土地和人民，对老百姓来说，以我为君与以他为君是没有什么区别的。如果为了我这个君王而导致老百姓家破人亡，血流成河，我怎能忍心呢？"结果，豳地老百姓说："大王，您走，我们跟着您走。"于是大家扶老携弱，翻山越岭，跟随古公亶父来到了西岐。其他国家的人听到古公亶父的仁义爱民，也都前来归附。

古公亶父这段话不仅可以震动大臣和百姓，简直可以震古烁今！君为大，还是民为大？古公掂量得很清楚，铁打的营盘，流水的兵。在古公这里，这营盘是百姓，流水的兵就是君王，谁当君王都行，百姓才是第一位的。这是古公的伟大之处。他给周留下了一个好传统。

推翻商朝之后，周人一直在反思：商朝人特别相信鬼神（近代在安阳殷墟出土的甲骨文，主要是占卜的记录），他们总在祈求鬼神保佑，但是，鬼神却没有帮助商朝，看来鬼神是靠不住的。那么不信鬼神，信什么呢？周人有了自己的答案。周公在总结商朝灭亡的教训时提出："皇天无亲，惟德是辅；民心无常，惟惠之怀。"（《尚书·蔡仲之命》）。他们认为"得人者兴，失人者崩"（《诗经》佚诗）。《尚书·康诰》载周公教训康叔说：文王为什么能开创王业，因为"惟文王敬忌，乃裕民"。"敬忌"就是文王"明德慎罚，不敢侮鳏寡"，"裕民"就是让老百姓得到经济实惠，生活安康。周朝制定的国策就是"敬德保民"。可惜的是，"善始者实繁，克终者盖寡"，后来周朝的统治者并没能将"民为邦本"这一国策坚持下来。

仁者爱人——孔子的民本思想

从夏到周，从反面或正面，给我们留下了这宝贵的"民为邦本"的政治智慧。到春秋战国，这一思想终于得到了发扬光大。

从周公的敬天保民，到春秋末年史墨提出的"民不知君，何以得国"，民本思想并没有得到更大的发展。直到孔子，民本思想才得到更多的强调。

"仁"是孔子伦理思想的核心，"仁者爱人"，仁者所爱之人，先是亲人，所以，孝悌是仁的根本；由爱亲人，扩展到爱众人，到爱民众，于是便由"孝悌"而"忠恕"，由其仁的伦理思想，自然推导出爱民的政治思想，指出要"节用而爱人，使民以时"（《论语·学而》），"君子学道则爱人"（《论语·阳货》），并提出了以"博施于民而能济众"为标准的爱民的最高理想。他以"爱民"，以"泽被苍生"作为评价历史人物的标准。他评价子产，说子产有"君子之道四焉"，而其中两条就是"其养民也惠，其使民也义"（《论语·公冶长》）。他高度评价管仲，要求弟子"修己以安百姓"（《论语·宪问》），要让百姓心悦诚服。当子贡问政时，他提出了"足食，足兵，民信之"，将"信"摆到了最高地位（《论语·颜渊》）。同时，他也继承了周文王以来的裕民思想："百姓足，君孰与不足；百姓不足，君孰与足？"（《论语·颜渊》）

但是，在整本《论语》中，孔子的民本思想主要体现在"爱民"上，它是君王"仁"的体现，是对君王的伦理要求。后来战国的荀子在他的《哀公》中引孔子的话说："且丘闻之，君者，舟也；庶人者，水也。水则载舟，水则覆舟，君以此思危，则危将焉而不至矣？"这倒是超越了伦理的范畴，但这是不是孔子说的呢？荀子《王制》篇也引了这句话，说的是"传曰"，说的是古书上有这么一句话，并没有指出是谁说的。高扬"民为邦本"大旗的孟子没有引用孔子的这句话，孟子比荀子早生将近六十年，距孔子时代更近，受孔子思想影响更大，按常理，孟子最有可能引用这句话，但孟子没有引用，所以这句话是不是孔子说的，还很难说。可以说，孔子的民本思想更多的还是一种"爱民"思想，还没有形成系统。

民贵君轻——孟子的伟大贡献

真正高举"民为邦本"这面大旗，并对之进行全面探讨，且形成了完整的理论体系并使之成为中国文化非常重要的概念的，是孟子。民本思想是孟子思想的核心，也是孟子留给中华民族乃至世界的宝贵遗产。

首先，孟子将孔子"仁"的伦理思想进行了全面升级。他全面继承了孔子仁者爱人的思想，并从理论上梳理了孔子仁爱思想的体系，将其概括为"亲亲仁民爱物"。在方法论上，他提出了"老吾老以及人之老，幼吾幼以及人之幼"的推恩方法，指出"推恩足以保四海"；他强调了"仁"在人心的固有性，基于他的性善论的主张，提出"人皆有不忍人之心"。在此基础上，他提出了仁政思想，将孔子的仁学由伦理学范畴最终推广到政治学，使"仁学"具有了政治与伦理一体化性质，成了归属于政治学的儒家学说。

孟子仁政思想的理论基础是"仁"，核心是"民本"，其最大价值也在其"民本"。

我们看看《孟子》一书的字频统计，据周文德博士《孟子数据库》一书统计，除文言虚词"之、也、而、者"，除"子、人、王、孟、天、君"等时代和语境常用字及"为、有、无"等常用动词外，《孟子》一书出现频率排前3位的实词为"民""仁"和"道"，次数分别为209次、158次和150次。这3个词全是名词，而民字排在第1位，高出排在第2位的"仁"字51次。由此可以看出孟子思想的仁政理念和其仁政的核心是"民"。

孟子像

孟子民本思想的伟大有五：

其一，他认为，对一个国家来说，"民为贵，社稷次之，君为轻"。将民摆到了最高的地位，这十分了不起。从传统观念上说，孟子不仅将民置于君之上，而且将传统观念里至高无上的君，摆到了最低的位置。而从近代观念来看，在孟子这里，民不仅超越了君主，甚至超越了国家，民权甚至大于主权。伟大的孟子已经远远超越了那个时代。尽管孟子的这一思想在当时有点理想化，但它让整个民族的历史再也不能看轻民的价值，也为历代政治家的为民请命提供了理论武器。

其二，得民心者得天下。"桀纣之失天下也，失其民也；失其民者，失其心也。得天下有道：得其民，斯得天下矣。得其民有道：得其心，斯得民矣。"这一思想承接"载舟覆舟"之说，对后世影响颇大，如唐太宗时期魏徵的"载舟覆舟，所宜深慎"，就直接继承了这一思想。

其三，破忠君观念。国君有过错，臣民可以规劝，国君屡劝不改，臣民可以推翻他。如果说孔子是忠君，那么孟子是"忠民"。他这一思想直接影响了后来的黄宗羲，黄宗羲《原君》一文的思想、文风、气势，直承孟子。

其四，与民同乐。《孟子·梁惠王下》记载了孟子与齐王关于音乐与快乐问题的一段对话，他巧妙地引导齐王要与民同乐。而且他还特别指出："乐民之乐者，民亦乐其乐；忧民之忧者，民亦忧其忧。乐以天下，忧以天下，然而不王者，未之有也。"他这一思想，对后来的知识分子从政产生了很大影响，像欧阳修《醉翁亭记》中的"然而禽鸟知山林之乐，而不知人之乐；人知从太守游而乐，而不知太守之乐其乐也。醉能同其乐，醒能述以文者"，其中表达的与民同乐，就是受这一思想的直接影响。范仲淹的"先天下之忧而忧，后天下之乐而乐"，是对这一思想的发扬。

其五，制民之产。在经济上，孟子主张"民有恒产"，认为有固定产业的人思想稳定，没有固定产业的人思想不稳定。所谓"王道"，就是以仁义治天下。

在中国思想史上，还有两个人，其民本思想值得特别关注，一是贾谊，他的民本思想形成了完整的体系，另一个是黄宗羲，他对孟子的民本思想既有继承，更有发扬。

撷英掇华

《原典》

《五子之歌》节选

太康尸位①，以逸豫灭厥德②，黎民咸贰③。乃盘游④无度，畋于有洛之表⑤，十旬弗反。有穷后羿⑥因民弗忍，距于河⑦，厥弟五人御⑧其母以从，徯于洛之汭⑨。五子咸怨，述大禹之戒⑩以作歌。其一⑪曰："皇祖有训，民可近，不可下⑫，民惟⑬邦本，本固邦宁。予视天下，愚夫愚妇，一⑭能胜予，一人三失，怨岂在明？不见是图⑮。予临兆民⑯，懔⑰乎若朽索之驭六马，为人上者，奈何不敬？"（节选自《尚书·夏书》）

①太康：夏启的儿子，在启去世后，继承皇位。尸位：空居职位而不尽职守。②逸豫：安逸享乐。厥：其，他的。③贰：有二心。④盘游：游乐。⑤畋：打猎。表：水的南面。⑥后羿：东夷族有穷国的首领。⑦距于河：距同"据"，抵抗。河：黄河。⑧御：此指保护。⑨徯（xī）：等待。汭（ruì）：河湾。⑩戒：同"诫"。⑪其一：本歌共五首，为五个儿子一人一首，此为第一首。⑫下：轻视。⑬惟：是。⑭一：全，都。⑮不见是图："图不见"的倒装，意思是应当考察它还未形成之时。⑯临兆民：君临万民，指做君主。⑰懔（lǐn）：畏惧。

文本大意 太康处尊位而不理事，喜好安乐，丧失君德，众民都怀二心。竟至盘乐游猎没有节制，到洛水南面打猎，上百天还不回来。因人民不能忍受，有穷国君主羿在河北抵御太康。太康弟弟五人，侍奉他们的母亲，在洛水湾等待太康。五人都埋怨太康，便叙述大禹的训诫而写了诗歌。第一首说："伟大祖先有明训，人民可亲不可轻；民乃邦国之根本，根本牢固国安宁。愚夫愚妇能胜我，岂能小看众百姓。多次失误未警醒，预先失察太愚蠢。朽索驾马多危险，我治万民当小心。身为人主须谨慎，恪尽职守敬万民。"

孟子论民本

孟子曰："民为贵，社稷①次之，君为轻。是故得乎丘民②而为天子，得乎天子为诸侯③，得乎诸侯为大夫。诸侯危社稷，则变置④。牺牲⑤既成，粢盛既洁⑥，祭祀以时，然而旱干水溢⑦，则变置社稷。"（《孟子·尽心下》）

①社：土神。稷：谷神，掌管地方的神。后来"社稷"被用来指代国家。②丘民："丘"指水田，"丘民"指在井田耕作的下民。③得乎天子为诸侯：得到天子认可才能当诸侯。④变置：改立。⑤牺牲：供祭祀用的牛、羊、猪等祭品。⑥粢（zī）：稷，粟米。粢盛既洁：盛在祭器内的祭品已清洗干净了。⑦旱干水溢：旱灾洪灾。

文本大意 孟子说："人民是宝贵的，土神谷神在其次，君主是最轻的。因此得到百姓的拥戴就可以成为天子，得到天子的欢心就可以成为诸侯，得到诸侯的承认就可以成为大夫。诸侯危害社稷国家，就另外改立。用作祭祀的牲畜已经长成，用作祭祀的粮食已经洁净，按时祭祀，但仍发生旱灾水灾，那就改立新的土神和谷神。"

🥢 名言

◎民惟邦本，本固邦宁。（《尚书》）

◎皇天无亲，惟德是辅；民心无常，惟惠之怀。（《尚书》）

◎得人者兴，失人者崩。（《诗经》佚诗）

◎百姓足，君孰与不足？百姓不足，君孰与足？（春秋·孔子）

◎民为贵，社稷次之，君为轻。是故得乎丘民而为天子，得乎天子为诸侯，得乎诸侯为大夫。（战国·孟子）

◎得天下有道：得其民，斯得天下矣。（战国·孟子）

◎乐民之乐者，民亦乐其乐；忧民之忧者，民亦忧其忧。（战国·孟子）

◎先天下之忧而忧，后天下之乐而乐。（宋·范仲淹）

成语

◎苛政猛于虎：繁苛的政令和赋税比老虎还要凶暴可怕。

◎节用爱民：节省开支，爱护百姓。

◎敬天爱民：敬奉天命，爱护百姓。

◎顺天恤民：顺应天意，体恤民众。

◎视民如伤：把百姓当作有伤病的人一样照顾。指在位者关怀人民。

◎急吏缓民：对官员严格，对百姓宽和。

◎与民同乐：施行仁政，与百姓休戚与共，同享欢乐。

◎休养生息：指在战争或因其他原因引起的大动荡之后，采取措施安定社会、恢复生产、增加人口。

第 14 课

家国情怀：由维新路径而生的家国认同

家国情怀：主体对家庭、家族和国家等共同体的一种认同，并促使其发展的思想和理念。

词语里的文化基因

在中国文化里，有一些关于家与国的特有的词语：

如称地方官为"父母官"；称国为"国家"，或"家国"，或"父母之邦"；称好官为"爱民如子"；称皇帝为"天子"；男性大臣为"臣子"，大臣妻妾面对皇帝自称"臣妾"。

历朝历代，大多强调"以孝治国"，对男人的要求是"忠孝两全"。

我们不太习惯称呼男性为先生，称呼女性为女士，我们称平辈为兄弟姐妹，称长辈为叔叔阿姨；我们说"四海之内，皆兄弟也"。

其实在这些称呼、这些说法里，有着深深的文化基因。这种文化基因就是我们民族的家国意识、家国情怀。家国情怀基于家国同构的思维方式，强调个人修身，重视亲情仁爱，倡导心怀天下，体现为行孝尽忠、乡土观念、民族精神、爱国主义、天下为公。

政治上的家国同构

在中国文化里，家文化与国文化呈现出一种同构现象。

在古希腊的《荷马史诗》中，往往可以看到荷马神话中的人间英雄身上有许多"家庭问题"，如乱伦、通奸、杀子女、弑父母等，可这些"问题人物"在古希腊仍然可以成为英雄。古希腊的哲学家也并不重视家庭伦理，柏拉图甚至认为家庭妨碍公共精神，不仅不应存在，而且应从政治上加以取缔。亚里士多德虽然反对取缔家庭，也经常谈论家庭，但他更重视"友谊"，依然没有给予家庭伦理以足够重视。

可是，中国则不同，中国人对家和家文化特别重视。中国人对家文化的重视有不同寻常的意义。

首先，在中国文化中，家庭是美好的，它追求的是和睦。例如，我国西周时代就已有严格的家庭伦理规范了，《诗经》中有大量关于家的描写，有大量歌颂家的篇章，如《诗经·桃夭》就有这样描写家庭伦理的美好诗句："桃之夭夭，灼灼其华。之子于归，宜其室家。"

其次，中国文化重视家族的传承，并形成了中国特有的族谱文化。从宋代开始，修纂家谱就成了中国人生命中的重要内容。清代著名史学家章学诚更是把家谱与国史、方志相提并论，认为"夫家有谱、州有志、国有史，其义一也"。

第三，中国文化对家庭伦理要求严格。如《诗经·大雅·文王之什》第六篇《思齐》就有这样的诗句："刑于寡妻，至于兄弟，以御于家邦。"就是说要在妻子面前做好榜样，进而在兄弟面前做好榜样，由此再推广到家邦。《周易》的六十四卦中，就有一个《家人》卦，对于该卦，《易传》是这样解释的："男女正，天地之大义也。家人有严君焉，父母之谓也。父父，子子，兄兄，弟弟，夫夫，妇妇，而家道正。正家而天下定矣。"意思是说，男女处于正道，是天地间的大义。家人有尊严之主，就是父母。父亲像父亲，儿子像儿子，兄长像兄长，弟弟像弟弟，丈夫像丈夫，妻子像妻子，家道就正了。家道正了，天下就安定了。到后来，不少家族都有家规族训，比较著名的如颜氏家训、柳氏家训、朱伯庐治家格言等。

第四，中国的家文化远不止家的意义，而是由家文化推广到国家文化，形成了一种"家国同构"的政治思维方式。从某种意义上说，中国文化是以家的关系功能和伦理作为一种制度模型，将其推广到国家天下。在中国人眼中，父母与君王，兄姐与上级，妻室与同僚，弟妹与下级，子女与百姓，一一对应，家庭伦理和政治伦理全盘贯通——在家为孝，在国为忠，忠臣先是孝子，孝子应做忠臣。齐景公当年问政于孔子，孔子回答说："君君，臣臣，父父，子子。"就是君要像君，臣要像臣，父要像父，子要像子。《象传》上说："有万物，然后有男女。有男女，然后有夫妇。有夫妇，然后有父子。有父子，然后有君臣。有君臣，然后有上下。"《孟子·公孙丑》中引景丑的话说："内则父子，外则君臣，人之大伦也。父子主恩，君臣主敬。"

中华文化的发展路径

早在19世纪初，德国哲学大师黑格尔就曾指出，"中国终古不变的宪法'精神'是'家庭的精神'"，中国"家庭的基础也是'宪法'的基础"，"中国纯粹建筑在这一种道德（家庭的关系）的结合上，国家的特性便是客观的'家庭孝敬'。"我国著名历史学家侯外庐先生认为，中华文化的发展，由家族到国家，国家混合在家族里面，新陈纠葛，旧的拖住了新的，走的是一条"旧瓶装新酒"式的维新路径。

从儒家开始，重视家文化本来就不是从家的角度出发，而是从社会出发，从国家政治出发。孔子一生重视伦理，重视自我修养，重视家庭的治理，但他将家和国视作同类，他认为治国必先治家，可以把治家的方法、伦理移植到治国方面。这种移植，对上对下都是适应的：从"君主"来说，身不正，则家不正，家不正，则国不正；从"臣民"来说，"其为人也孝弟，而好犯上者，鲜矣"。孔子倡导"孝"，由孝推而广之，便是"忠"，在家言孝，在国言忠，所以他提出"君君，臣臣，父父，子子"。《孟子·离娄上》也说："人有恒言，皆曰'天下国家'。天下之本在国，国之本在家，家之本在身。"《墨子·尚同》也说，"治天下之国，若治一家"。《吕氏春秋》也说："以身为家，以家为国，以国为天下。"正是这种家国同构的观念，产生了中国文化的另一重要概念："修齐治平。"

《四书》中的《大学》曾这样推论："古之欲明明德于天下者，先治其国；欲治其国者，先齐其家；欲齐其家者，先修其身；欲修其身者，先正其心；欲正其心者，先诚其意；欲诚其意者，先致其知。致知在格物。物格而后知至，知至而后意诚，意诚而后心正，心正而后身修，

　中国智慧
　　写给中学生的18堂国学哲思课

身修而后家齐，家齐而后国治，国治而后天下平。自天子以至于庶人，壹是皆以修身为本。"这里，顺推反推，都是以治国平天下为目的，而落脚点在家。所以中国的家文化，远远超越了家庭伦理的范畴。

两面性的家国一体

正因为中国文化是一种家国同构的文化，这使得中华民族一直高扬着爱国主义的大旗，骨子里有浓厚的爱国意识。家国同构的国家发展路径，使得中国人的国家意识始终将"国"与"家"紧紧联系在一起，形成一种家国一体的意识。我们将"国"称为国家或家国，在我们的意识里，有国才有家，爱家应爱国，由此形成了中华民族特有的"家国情怀"。

所以，中华民族五千年，爱国精神薪火相传，像烛之武退秦师、弦高犒师，像伟大的爱国主义诗人屈原，像在西伯利亚贝加尔湖牧羊十九年的苏武，像"位卑未敢忘忧国"的陆游，像精忠报国的岳飞，像"留取丹心照汗青"的文天祥，像"苟利国家生死以"的林则徐，等等，中华民族绵延五千年，始终雄立于世界东方，这应该得益于绵延不绝的爱国主义精神。

当然，家国同构、家国一体的思维方式，也可能给中国文化带来某些缺陷，如宗族观念与国家观念的冲突、法治精神的不完备等，但总的来说，由家国同构而形成的家国情怀，使得中国古人"自我"的概念不再单纯是一具血肉身躯，而是"一天人、合内外"之身；不仅是一己之私的"扫一屋"的小我之身，也是"天下兴亡匹夫有责"的"扫天下"的大我之身。

苏武牧羊图

中国智慧
写给中学生的18堂国学哲思课

撷英掇华

《 原典 》

孟子论家国

孟子曰："人有恒言，皆曰'天下国家'。天下之本在国，国之本在家，家之本在身。"

…… ……

孟子曰："不仁者可与言哉？安其危而利其菑①，乐其所以亡者。不仁而可与言，则何亡国败家之有？有孺子歌曰：'沧浪之水清兮，可以濯②我缨；沧浪之水浊兮，可以濯我足。'孔子曰：'小子听之！清斯濯缨，浊斯濯足矣，自取之也③。'夫人必自侮，然后人侮之；家必自毁，而后人毁之；国必自伐，而后人伐之。《太甲》④曰：'天作孽，犹可违；自作孽，不可活。'此之谓也。"（《孟子·离娄上》）

①菑：通"灾"。②濯（zhuó）：洗。③自取之：指由自身决定的。④《太甲》：《尚书》中的一篇。

文本大意 孟子说："人们常说'天下国家'，天下的基础是国，国的基础是家，家的基础是个人。"

孟子说："难道不仁的人是可以商议的吗？他们对别人的危险无动于衷，从别人的灾难中谋取私利，以家破国亡之事为乐。如果可以和不仁的人商议，怎么会有国亡家破的事呢？从前有童谣唱道：'沧浪的水清呀，可以洗我的帽缨；沧浪的水浊呀，可以洗我的双脚。'孔子听了说：'弟子们听好了！水清可以用来洗帽缨，水浊就只能用来洗双脚，这都是因为水自己造成的。'所以，一个人总是先自取其辱，别人才侮辱他；一个家庭总是先有自己人的毁坏，别人才能毁坏它；一个国家总是先有招致讨伐的原因，别人才讨伐它。《尚书·太甲》说：'上天降灾害还可以逃避，自己造罪孽可就无处可逃了。'说的就是这个意思。"

古诗中的家国情怀

病起书怀

陆游①

病骨支离纱帽宽，孤臣万里客江干②。

位卑未敢忘忧国，事定犹须待阖棺。

天地神灵扶庙社，京华父老望和銮③。

出师一表通今古，夜半挑灯更细看。

①陆游（1125~1210）：字务观，号放翁，南宋爱国诗人。②江干：江边，这里指成都的江边。③和銮（luán）：古代车上的铃铛，这里指皇帝的銮驾。

赴戍登程口占示家人①（二首其二）

林则徐

力微任重久神疲，再竭衰庸定不支。

苟利国家生死以，岂因祸福避趋之②？

谪居正是君恩厚，养拙刚于戍卒宜③。

戏与山妻谈故事，试吟断送老头皮④。

①赴戍登程：赴边疆登程。口占：口述。林则徐（1785~1850）：福建人，清朝政治家、思想家和诗人，民族英雄。②苟利国家生死以："苟利国家，生死以之"的省略，语出《左传·昭公四年》："子产曰：何害？苟利社稷，死生以之。"意思是如果有利于国家，生死都不计较，即拼命对待。③养拙刚于戍卒宜：退隐藏拙，当一名戍卒刚好适宜。这句诗谦恭中含有愤激不平。④"戏与"二句，作者自注："宋真宗闻隐者杨朴能诗，召对问：'此来有人作诗送卿否？'对曰：'臣妻有一首，云"更休落魄耽杯酒，且莫猖狂爱咏诗。今日捉将官里去，这回断送老头皮"'。上大笑，放还山。东坡赴诏狱，妻子送出门皆哭。坡顾谓曰：'子独不能如杨处士妻作一首诗送我乎？'妻子失笑，坡乃出。"林则徐用此典，以示旷达胸襟。

名言

◎刑于寡妻，至于兄弟，以御于家邦。（《诗经》）

◎苟利国家，生死以之。（春秋·子产）

◎有万物，然后有男女。有男女，然后有夫妇。有夫妇，然后有父子。有父子，然后有君臣。有君臣，然后有上下。（《周易》）

◎父父，子子，兄兄，弟弟，夫夫，妇妇，而家道正。正家而天下定矣。（《周易》）

◎人有恒言，皆曰"天下国家"。天下之本在国，国之本在家，家之本在身。（战国·孟子）

◎内则父子，外则君臣，人之大伦也。父子主恩，君臣主敬。（战国·孟子）

◎人必自侮，然后人侮之；家必自毁，而后人毁之；国必自伐，而后人伐之。（战国·孟子）

◎古之欲明明德于天下者，先治其国；欲治其国者，先齐其家；欲齐其家者，先修其身。（《大学》）

◎位卑未敢忘忧国，事定犹须待阖棺。（宋·陆游）

◎风声、雨声、读书声，声声入耳；家事、国事、天下事，事事关心。（明·顾宪成）

成语

◎父母之邦：祖国。

◎国恨家仇：国家被侵略之仇，家园被破坏之恨。

◎保家卫国：保卫家乡和祖国。

◎毁家纾难：不惜捐献所有家产，帮助国家减轻困难。

◎天下兴亡，匹夫有责：天下大事的兴盛、灭亡，每一个老百姓都有义不容辞的责任。

第 15 课

礼乐治国：礼乐互补的治理途径

礼乐治国：礼和乐相辅相成，构成了一个完整有序的社会政治文化制度，进行道德伦理教化，以维护社会秩序上的人伦和谐。

各民族音乐的产生都应该是很早的事。礼是中国特有的文化现象，礼与乐结合，并称礼乐文化，是中国文化的重要特征。

人文初祖，礼乐相连

从文明发展的过程看，中华文化一开始并非礼乐并重，因为乐的产生无疑早于礼。但是中华先民之乐，一开始就可能与政治、祭祀相连。

《吕氏春秋》对远古音乐有这样的描述："葛天氏之乐，三人操牛尾，投足以歌八阕：一曰载民，二曰玄鸟，三曰遂草木，四曰奋五谷，五曰敬天常，六曰达帝功，七曰依地德，八曰总万物之极。"葛天氏是燧人、伏羲、神农三皇时代的远古联盟共主，葛天氏之乐可能是目前所知的中华民族最早的音乐了。

葛天氏之乐的内容包括：《载民》，歌颂承载人民的土地；《玄鸟》，崇拜氏族的图腾；《遂草木》，祝愿草木茂盛；《奋五谷》，祈求五谷丰登；《敬天常》，歌颂上天恩赐；《达帝功》，赞扬上天恩德；《依地德》，赞美大地抚育；《总万物之极》祈祷上天多赐鸟兽，人民安居乐业。这应该是一种辅助性的原始宗教仪式，初民们以舞和乐的形式来"颂神娱神"，表达对民生与政治的祈祷。可见，在中华民族人文初祖时代，音乐就已与政治、祭祀紧密相连了。

到尧舜时代，已经开始非常重视音乐的教化功能了。据《尚书·舜典》记载，舜帝时代就设置了主管音乐的官员。在任命夔做音乐主管时，舜帝明确要求要用音乐来教育贵族子弟，培养其"直而温，宽而栗，刚而无虐，简而无傲"的中和品格，要求通过诗歌音乐来沟通人与人、人与神的情感，形成人与人、人与神之间的和谐相融；尤其强调音乐的次序感，要求音乐诗歌不能破坏次序；还提出"诗言志"，指出诗歌音乐是表达人的情感的。这些要求，明显体现出舜帝对音乐诗歌政治伦理因素的重视，这其中的次序感，实际已经有潜在的"礼"的因素了。

礼的产生晚于音乐，但《论语·八佾》记载孔子的话说："夏礼吾能言之……殷礼吾能言之……"可见夏时已经产生"礼"了。

礼起于祭祀，这可以从礼的字源得到证实。许慎《说文解字》说："礼，履也，所以事神致福也。从示从豊。"而"豊"，则是"行礼之器"，王国维认为"豊"是在一个器皿里盛二玉以奉事于神。因此"礼"的本义就是一种祭神的宗教仪式。夏朝的历史固然不可考，至于商朝，从大量的甲骨卜辞可以看出，这是一个十分迷信的时代，即所谓"殷人事鬼"，"国之大事，在祀与戎"，一切王事，都要求助于先神，因而商朝的祭祀礼仪十分隆重而丰富。但商朝的礼可能主要限于祭祀，没有更多的道德人伦内涵。殷商人的礼并非我们今天所说的礼乐文明。

周公之典，礼乐昌明

我们今天所说的礼乐文明，始自"周公之典"。周文王四子，周武王之弟——周公旦开始制礼作乐，即周礼。据《尚书大传》记载："周公摄政，一年救乱，二年克殷，三年践奄，四年建侯卫，五年营成周，六年制礼作乐，七年致政成王。"

周公之礼乐与殷商礼乐的区别在于：

其一，周公制作的礼乐，虽然仍然与祭祀有关，但主要是处理人伦等级的伦理规范。周公旦制定的礼乐制度，当时没有确切的文字做完整的记载，但汉儒有《仪礼》《周礼》《礼记》三本书，谓之"三礼"，对周代的礼做了追记。书中说，周代设有天官、地官、春官、夏官、秋官、冬官六个部门来管理典章制度。关于礼仪的条文有三千多条，

周公辅成王（画像石）

对各种烦琐的礼节仪式都做了明文规定，如诸侯朝见天子，春、夏、秋、冬季节不同，礼节各异；民间婚丧喜庆，各有规章。

其二，是对音乐的高度重视。据《左传》记载，周乐有数十种之多，周朝还设有专门的机构——春官来管理乐舞。周礼规定，在贵族阶层，乐舞修养操持必须是生活的一部分，王室及贵族子弟从十三岁开始，要逐渐学习掌握各种礼仪乐舞，二十岁左右要全面掌握《六大舞》和《六小舞》，以通过音乐来教育贵族子弟成材。这就是所谓的"乐教"。

其三，明确将礼与乐结合起来，使其成为古代政治的一体两面。"礼别异，乐和同"，礼的作用在于划分等级，是对行为的外在规范和约束。而礼的局限在于：外在的强制规范与约束可能带来人际的疏离、隔阂和冷漠，甚至导致反感和叛逆，于是就需要用乐来调和，来消解这种疏离、隔阂和冷漠，达致和谐美境。这就是后来《礼记》所说的"乐者为同，礼者为异，同则相亲，异则相敬"，"乐至则无怨，礼至则不争"，"乐者，天地之和也。礼者，天地之序也"。在西周统治者看来，礼与乐是两种相生互补的政治手段，缺一不可。

至此，中国古代礼乐文明不仅形成了系统的礼乐制度，而且还被赋予了丰富的人文内涵。

这种礼乐文明，对于西周政治的繁荣，对于"成康之治"的形成起了十分重要的作用。

诸侯僭越，礼崩乐坏

但历史前行至春秋时，一个礼崩乐坏的时代开始了。这在许多资料中都可以得到印证。《左传》对此有充分的反映。《左传》记载，诸侯交往僭用天子礼乐的情况屡屡出现，如《左传·襄公四年》记载的"穆叔拜乐"，穆叔访问晋国，是诸侯国之间的交往，但晋国竟然用《肆夏》之三、《文王》之三这样的天子之乐来招待。同样，《左传·襄公十一年》记载的"晋侯观礼"，写宋公以《桑林》之舞这样的天子之乐招待晋侯，以致晋侯退入房中，不敢观看。而《左传·僖公十一年》记载的"晋侯受玉惰"，说晋侯在接受天子授玉时精神怠惰，可以看出礼乐的神圣感正在诸侯们心中渐渐淡化。

而最能体现这种礼乐神圣感消失的则是《晏子春秋》记载的一个故事。

一次，齐景公欢宴群臣，开怀畅饮之际，齐景公对大臣说："今天大家不醉不归，不要管什么君臣礼节！"晏婴脸色陡变，连忙说："国君此话不妥！禽兽靠蛮力主宰世界，人类靠礼仪确定尊卑。君臣之间怎么能抛弃礼仪呢？"景公很不高兴。一会儿后景公走出去，晏婴也不起身相送，后来景公回来归座，晏婴也不起身相迎，更有甚者，君臣碰杯，晏婴竟然抢先举杯，这令景公十分生气，便疾言厉色地对晏婴说："你刚才还教训我不能没有礼节，那么现在你的礼节呢？"这时晏婴赶紧离开座席，向景公再拜叩首说："我哪敢对您无礼，我只是现身说法，让您看看，没有礼仪会是怎样的情形。"景公听了，才连忙认错。在齐景公这里，礼乐不仅不神圣，甚至可以完全抛开，可以明目张胆地宣布抛弃礼仪。

儒者孔圣，重振大旗

这时，有个人物出现了。他就是孔子。

孔子所处的时代

孔子极其崇拜文武周公，所谓"周监于二代，郁郁乎文哉，吾从周"。但他又身处礼崩乐坏的春秋末期，他面对的礼崩乐坏，实际上有两方面的问题，一是如上所述礼仪神圣感的消失，诸侯大夫不断挑战神圣的礼仪制度；另一方面是礼仪的形式化、教条化。据侯外庐先生研究，此时，西周的文物制度、思想，已不是具有血肉的思想文物，所谓诗书礼乐的思想在这时也"好像变成了单纯的仪式而毫无内容"，仅仅成了一种形式、一种教条，以备贵族背诵。而且还在邹鲁产生了一个新的社会职业，即"儒"（所谓邹鲁缙绅先生），儒者的主要职业就是背诵这些古训。

"礼"在孔子思想中的地位

教条化必然走向僵死。可礼乐诗书的教条化，恰是极其崇拜周礼的孔子面对的残酷现实。所以，他一生以恢复周礼为己任，因而"礼"成了孔子的中心思想。在讨论"仁者爱人"时，我们曾说，"仁"是孔子的思想核心，但要明白，毫无疑问，"仁"并不是孔子追求的目的，孔子的"仁"仍然是从属于"礼"的，即所谓"克己复礼为仁"，"仁"的目的在于克己，克己的目的在于复礼，复文武周公之"礼"。理解孔子的"仁"，理解孔子的君子观，都要从"礼"这一终极目标去思考。

这样，礼自然成为《论语》全文十分重要的概念。检索《论语》全文，能发现一个很有意思的现象，《论语》用词，除了文言虚词（之、也、而、其、者、以、乎）、文言特殊用词（言、如）、生活常用词（不、人、有、无、可、知）、对话文体常用词（曰、子、问、吾、谓、见）之外，出现频率排前三位的词分别是"仁""君子"和"礼"。这三个词的内在关系是："仁"是君子的修为，君子的标准，而"礼"则是"君子"和"仁"的共同目的，"君子"与"仁"最终都要归属于"礼"，君子以克己复礼为己任。

还当注意，《诗经》《尚书》《周易》中，"礼"字并不多见，3万多字的《诗经》，"礼"字才出现了10次，3万多字的《尚书》，"礼"字出现18次。《周易》卦爻辞没有出现"礼"字，其《彖传》和《象传》，"礼"字才出现两次。"礼"字的大量出现，是在《左传》和《论语》。《左传》正文除"经"外23万多字，"礼"字出现526次，这个比例仅次于《论语》。也正是《左传》的这五百多个"礼"字，恰好传达出春秋"礼崩乐坏"的时代特征。由此便有了孔子，有了《论语》对"礼"的高度重视。关于"乐"字，《诗经》里虽出现86次，但主要是"快乐"之义，很少"音乐"之义。《论语》里出现48次，其中表音乐含义的22次；"礼乐"并提9次。《左传》全文"乐"字177次，表音乐的64次，其余为"快乐"之意和姓氏。"礼乐"并提3次。

孔子属不属于邹鲁缙绅之儒，不得而知，但受其影响则是肯定的。他从小就对礼乐入迷，并且终生刻苦研习礼乐。他曾跟当时的著名乐师师旷学琴，练习一个曲子，十天没换新曲。老师师旷催他可以增加新的学习内容，但孔子觉得自己仅仅掌握了该乐曲的形式，而没有掌握其演奏的规律，当师旷觉得孔子已经掌握了乐曲的演奏方法之后，又催他换新内容，但孔子觉得自己仅得其形，未得其神，还要坚持练习。直到孔子完全领悟乐曲的意境时，他竟然从这首乐曲想象出作者是一位皮肤黝黑、身形颀长、眼光明亮的统治四方的王者，并猜测出作者应该是周文王。这让作为老师的师旷敬佩不已，竟倒身便拜，说："这支曲子就叫《文王操》!"正因为刻苦和迷恋，孔子三十多岁时便已有极高的礼乐造诣，成为礼乐权威，以至于当时鲁国诸侯大夫对礼乐遇有疑惑时，都向他咨询。

检视《论语》全书，可以看出礼乐在孔子心中的地位是何等崇高：他认为一切行为要以礼为准则，礼为立人之本，"不学礼，无以立"，所以要"约之以礼"，恭、慎、勇、直则都要以礼节之；礼为忠孝的标准，所谓"事之以礼、葬之以礼、祭之以礼"。礼更是政治手段，对民要齐之以礼，"上好礼，则民易使"；克己复礼，天下才能归于"仁"；为政的要务便是"礼"；为官者要"先进于礼乐"，强调"必也正名乎"，"正名"就是克己复礼，"名不正，则言不顺；言不顺，则事不成；事不成，则礼乐不兴；礼乐不兴，则刑罚不中；刑罚不中，则民无所措手足"。他对音乐的重视并非为提升个体生命的品质，而是服从其执政伦理目的，所以当音乐违背礼的时候，他便深恶痛绝；他"恶郑声之乱雅乐"，当诸侯僭越礼制，"八佾舞于庭"，他说"是可忍孰不可忍"。整本《论语》最疾言厉色的言辞莫过于此。

在孔子看来，"礼乐"是天下有道与无道的主要观察点："天下有道，则礼乐征伐自天子出；天下无道，则礼乐征伐自诸侯出。"因此他对礼乐有一种近乎固执的追求：在齐闻《韶乐》，三月不知肉味；他困于匡蒲，绝粮于陈蔡时，仍弦歌不辍；第一爱徒颜渊不幸夭亡，安葬颜渊时，颜渊的父亲颜路请求孔子卖掉车子为颜渊买椁，却遭到孔子断然拒绝，而他拒绝的原因是：因为自己做过大夫，不能徒步，要坐车出行，才符合人物身份。

孔子对礼乐文明的贡献

孔子对礼乐文化的贡献，固然在于他在礼崩乐坏的时代重新高举礼乐的大旗，并一生为之奔走呼号，更重要的是，他深入批判了邹鲁缙绅先生形式化的"礼"并在其中注入了系统化的道德内容。

且看他的批判："礼云礼云，玉帛云乎哉？乐云乐云，钟鼓云乎哉？"他认为礼远不仅仅是"玉帛钟鼓"之类的形式，提出"礼，与其奢也，宁俭；丧，与其易也，宁戚"。《礼记·檀弓》还记载子路的话说："吾闻诸夫子：丧礼，与其哀不足而礼有余也，不若礼不足而哀有余也；祭礼，与其敬不足而礼有余也，不若礼不足而敬有余也。"

在孔子看来，礼固然需要一定的形式规范，但重要的是其内在的精神实质。为此，他对礼乐进行改造，删诗书，正礼乐，使"雅颂各得其所"；他将新的系统的道德内容注入"礼乐"之中。这种新的道德内容，表现为三：一是提出了礼的内在精神品格——"仁"："人而不仁，如礼何？人而不仁，如乐何？"二是明确了礼的政治伦理价值："君君，臣臣，父父，子子。"三是提出了礼的基本标准和要达到的目标——"和"："礼之用，和为贵。先王之道，斯为美。"

礼乐表现，形形色色

礼乐文明这一特征，表现在方方面面。

青铜器和玉器的礼乐化

一个有趣的现象是：在青铜器时代，其他地区的青铜文明主要体现在兵器和工具中，而中国的青铜文明主要体现在礼器（鼎）和乐器（钟磬、编钟）中。例如作为礼器的青铜鼎，是国家权力的象征，定都叫"定鼎"，追逐国家权力叫"问鼎"。古代对青铜器的使用有明确的规定：天子用九鼎八簋（guǐ），诸侯用七鼎六簋，卿与大夫用五鼎四簋，士用三鼎二簋。同样，钟磬虽然是乐器，但它属于一种礼乐器，悬挂的方式和数量也因等级的不同而不同：王可以四面悬挂成方阵，诸侯可以三面悬挂，卿大夫可以悬挂两面，士在家里娱乐，只能在一面悬挂。至于编钟，明显属于宫廷乐器。

据考古发现，中国古代大约在距今5000至3500年之间，可能存在一个玉器时代，中国人有一种崇玉心理，但是，这种崇玉，并非实用和审美立场，而是礼仪立场。玉是古人的重要配饰，佩玉是身份的象征，古代从天子到公侯、大夫到一般的士，其佩玉都有严格的规定；再如玉珪，有所谓"六瑞"——镇圭、桓圭、信圭、躬圭、谷璧、蒲璧，分别只能由王、公、侯、伯、子、男在上朝时执拿。

《周礼》一书有一篇很长的专文《玉藻》，专门对此做了阐述。春秋战国时期记述官营手工业各工种规范和制造工艺的文献《考工记》里有《玉人》一节，照理其内容应该是谈玉器的制作，但全文竟然无一句话涉及制作，而是不厌其详地讨论公、侯、伯、子、男等各个等级的人应该用什么样的玉器。中国人发现了玉，重视了玉，但却使本该走向实用和审美的玉一步步宗教化、伦理化了。

日常生活的伦理化

古代的车，实际上有"车""舆"之分，"车"用于载重，"舆"不是一般的车，而是上层人物的代步工具，是身份地位的标志，是"礼"的象征，所以它比"车"造型高大，装饰豪华。

古代"城"的建设很有讲究，称为"重城"制度，即城内有城。比如南京作为明初的首都，有"外廓""内廓""皇城"三重城墙，北京紫禁城外也有皇城围护。重城的目的是军事防卫，皇帝居中，受到重重卫护。可以说，西方的城市是商业的，中国的城市是礼制的。因此，早在周朝，对天子诸侯之城和宫殿的规模形制各有定规，天子的城高九雉（zhì，三丈高为一雉），诸侯的城只能高七雉；周天子的宫殿高七雉，诸侯的宫殿只能高五雉。

同样，民居也体现礼的特征。如四合院，讲究"北屋为尊，两厢次之，倒座为宾"。房间对称，象征礼的威严；全院坐北朝南，朝南的正房为主人房，东西两厢，东为尊，西为次，嫡子女居东，庶出者居西，女儿居西或后院，所以《西厢记》中张生住东厢，崔莺莺住西厢。

乃至于颜色都有礼的规定。从唐朝李渊开始，天子的袍衫用黄色，官民一律不许穿黄衣服、住黄房子。唐高宗时，服饰色彩与官员品级关系的礼制正式形成。黄色成为皇家专用色，所以做皇帝叫"黄袍加身"。而文武三品以上着紫袍，四品深绯，五品浅绯，六品深绿，七品浅绿，八品深青，九品浅青。老百姓着黑白两色。明清两代服饰通过颜色标等级的现象，已经远远不止服饰整体颜色方面，还包括衣裳上各部分的颜色。

中国人甚至连死法也有等级之别：天子曰崩，诸侯曰薨（hōng），大夫曰卒，士曰不禄，庶人曰死，自己死谦称为填沟壑。

礼乐文化的制度化

在中国古代，历朝历代都在朝廷设置掌管天下礼乐的官僚机构，周代有天官、地官、春官、夏官、秋官、冬官"六官"分掌邦政，其中地官负责礼教，春官管理乐舞，还有专管宫廷音乐的机构大司乐。汉代设大鸿胪、尚书礼曹，魏晋时设祠部（北魏又称仪曹），隋唐以后设礼部尚书，掌握礼仪。秦初宫廷设乐府，隋唐设大乐署和鼓吹署，管理音乐。尤当注意的是，关于礼乐的书籍，成了儒家的重要经典，如六经，即《诗经》《尚书》《礼记》《周易》《春秋》《乐经》，汉代则将《诗经》《尚书》《礼记》《周易》《春秋》列为五经，《乐经》是《礼记》的一章。

 撷 英 掇 华

◁ 原典 ▷

《礼记》谈礼

故礼以道其志，乐以和其声，政以一其行，刑以防其奸。礼、乐、刑、政，其极一也。所以同民心而出治道也。

凡音者，生人心者也。情动于中，故形于声，声成文，谓之音。是故治世之音安以乐，其政和；乱世之音怨以怒，其政乖①；亡国之音哀以思②，其民困。声音之道，与政通矣。

……是故审声以知音，审音以知乐，审乐以知政，而治道备矣。是故不知声者不可与言音，不知音者不可与言乐。知乐，则几③于礼矣。礼乐皆得，谓之有德。德者，得也。……是故先王之制礼乐也，非以极口腹耳目之欲也，将以教民平好恶，而反④人道之正也。

……乐者为同，礼者为异。同则相亲，异则相敬，乐胜则流⑤，礼胜则离。合情饰貌者，礼乐之事也。礼义立，则贵贱等矣；乐文同，则上下和矣；好恶著，则贤不肖别矣。刑禁暴，爵举贤，则政均矣。仁以爱之，义以正之，如此，则民治行矣。（节选自《礼记·乐记》）

①乖：乖戾，不合情理。②思：悲愁。③几（jī）：接近。④反：同"返"。⑤流：放纵，无节制。

文本大意 所以用礼来引导心志，用乐来调和歌声，用政来统一行动，用刑来防止奸邪。礼、乐、刑、政的终极目标是一致的，都是用来统一人心而走向国家大治的正道。大凡音乐都是产生于人心的，情感动于心中，表现为声音，声音的巧妙组合就形成音乐。太平之世的音乐安适而欢乐，体现出政治的祥和；乱世的音乐怨恨而愤怒，体现出政治的乖戾；亡国之音悲哀而忧虑，反映出人民的困苦。声音的道理是与政治相通的。

……所以了解声音进而了解好听的声音，由好听的声音进而理解音乐，理解音乐进而体察时政，就具备了治理的途径。因此不了解声的人没法与他谈论音，不懂得音的人无法和他讨论乐，理解音乐之道就接近于理解礼的真谛了。对于礼乐都有所掌握，就可以称作有德，有德，才能获得。

……可见先王制礼作乐，并不是为了极力满足人们的口腹耳目之欲，而是用以教导人民摆正好恶之心，回归做人的正道。……乐是为了调和人的情感，礼是为了区别人的等级。情感和谐就能互相亲近，等级有别就能互相尊重；不过，乐过度了就会招致放荡，礼过分了就会产生隔阂。协和人的情感、整饬人的容仪，这就是礼乐的作用。礼仪建立了，就显示了贵贱的等级，乐章协调了，上下情感就交流和谐了；好恶的标准鲜明了，贤人与不肖之徒就区别开来了。用刑罚严禁凶暴，用官位选拔贤能，政治就公平了。以仁心爱护百姓，以道义匡正行为。这样，就会形成民众大治的局面。

名言

◎诗言志，歌永言，声依永，律和声。八音克谐，无相夺伦，神人以和。（上古·舜帝）

◎非礼勿视，非礼勿听，非礼勿言，非礼勿动。（春秋·孔子）

◎君子博学于文，约之以礼，亦可以弗畔（叛）矣夫。（春秋·孔子）

◎兴于诗，立于礼，成于乐。（春秋·孔子）

◎人而不仁，如礼何？人而不仁，如乐何？（春秋·孔子）

◎礼云礼云，玉帛云乎哉？乐云乐云，钟鼓云乎哉？（春秋·孔子）

◎故礼以道其志，乐以和其声，政以一其行，刑以防其奸。礼、乐、刑、政，其极一也。（《礼记》）

◎礼节民心，乐和民声，政以行之，刑以防之。（《礼记》）

◎乐者为同，礼者为异，同则相亲，异则相敬。（《礼记》）

◎钟鸣鼎食之家，诗书簪（zān）缨之族。（《红楼梦》）

《 成语 》

◎诗书礼乐：儒家经典，即《诗经》《尚书》《周礼》《仪礼》《礼记》《乐经》。

◎诗礼传家：指以儒家经典及其道德规范世代相传。

◎礼尚往来：礼节上重视有来有往。

◎礼仪之邦：指讲究礼节和仪式的国家。

◎礼崩乐坏：指封建礼教的规章制度遭到极大的破坏。

◎衣冠礼乐：指各种等级的穿戴服饰礼仪典章规范。

◎爱礼存羊：不忍废弛古礼而保留古礼所需要的祭羊。比喻为维护根本而保留有关仪节。

◎知书达理：有知识通事理，指人有文化教养。

第 16 课

内圣外王：文明建设与士子追求的基本模式

内圣外王，指内具有圣人的才德，对外施行王道，即人格理想以及政治理想两者的结合。语出《庄子·天下》："是故内圣外王之道，暗而不明，郁而不发，天下之人，各为其所欲焉，以自为方。"

内圣外王的基本含义

说到"内圣外王"，人们很容易想起曾国藩。毛泽东曾经说："愚于近人，独服曾文正，观其收拾洪杨一役，完满无缺。使以今人易其位，其能如彼之完满乎？"梁启超也说："曾文正者，岂惟近代，盖有史以来不一二睹之大人也已；岂惟我国，抑全世界不一二睹之大人也已。"一位是富有才华的杰出领袖，一位是热心政治的文化宗师，都如此推崇曾国藩，是因为曾国藩一生修炼人格，严于律己，孜孜以求人格的完满，认为人"不为圣贤，即为禽兽"；他建湘军，奉旨平叛，止社会之乱局，还东南以稳定，救王朝于危亡，官拜大学士、两江总督，封一等毅勇侯；作为桐城散文的杰出代表，留下一千万余字的著述。曾国藩真正实现了古人所谓立德立功立言的"三不朽"，实现了古人所谓的"内圣外王"。

"内圣外王"一词出自《庄子·天下》："内圣外王之道，暗而不明，郁而不发，天下之人，各为其所欲焉，以自为方。"意思是，内圣外王之道暗而不明，抑郁而不发挥，天下人各尽所欲而自为方术。

在《庄子》里，"内圣外王"用来指治理天下的基本方法或境界。从字面上来讲，内圣指内在修身成圣，外王指外在实行王道。

具体来讲，可以分两个层次来理解：

第一个层次，是治国之术、治理理念，或文明模式。要求统治者注重自我修为，在内能修成道德高尚、学问深厚、世事洞明的人，在外能实行王道，保合诸夏，谐和万邦，驱除鞑虏。

第二个层次是士子人生理想。"内圣"指个人修养、品德，外王指建功立业，即古人所谓"三不朽"：太上立德，其次立功，其次立言。说曾国藩、王阳明是内圣外王的典范，就是从这个层面来说的。

"内圣外王"四字成词始自《庄子》，但"圣王"一词早有，如《左传》，如《墨子》，战国至汉初时更是非常流行。倒是"内圣外王"成语自庄子首创后，反而沉寂千年，直到北宋理学家程颐用它来形容其理学前辈邵雍的学问，才开始流行。南宋至元明，这个词语在文人间广泛使用，或用以称颂文人学问，或用以强调治学之经世致用，更用以称颂人君，并成为帝王之学的代称。

内圣外王的儒学分化

"内圣外王"一词虽创自庄子，但最能体现这一思想的是儒家。因为儒家学说无非道德，无非政治，而"内圣外王"则将道德与政治直接统一起来，道德就是"内圣"，政治就是"外王"。梁启超先生曾这样概括儒学："其功用所在，可以《论语》'修己安人'一语括之，其学问最高目的，可以《庄子》'内圣外王'一语括之。"换言之，儒家学说于人生是修己安人，于治国是内圣外王。

儒家学说起于孔子。孔子一生对周文王的文治武功推崇备至，他推崇周文王和周公，一重其"德"，二重其"礼"。其一生就是两件事，一是"仁以为己任"，二是以恢复周礼为己任。

恢复周礼最简单、最容易的办法，当然是占据上位，强力推行。可惜的是，孔子一生只做过两次官，一次是在二十一岁时，做过"乘田吏"和"委吏"之类的不算官的小吏，再一次是在五十岁时做过鲁国司寇这样的大官，但只干了四年。他一生基本上是周游列国，到处碰壁。无法在其位，又想谋其政，怎么办？或者，即使你在位，可是对方不服怎么办？那就"修己以安人"，"修己以安百姓"，"克己复礼"，"远人不服，则修文德以来之"。关键就在于自身修德，使自己的德性发散与扩展，所谓"己欲立而立人，己欲达而达人"。己欲立欲达者，就是内求"圣"；立人、达人，就是外王。

"修己以安人"的"以"字特别重要。孔子的基本思路是由内而外逐渐发散，逐渐推广，正如他"孝悌忠恕"的观念，是由孝而悌，从

孔子周游列国图（选自明代《圣迹图》）

基于血缘的孝悌开始，然后推广到怎么对待别人：因为孝，所以不犯上作乱，因为悌，所以己所不欲勿施于人；再加以概括上升，前者就是忠，后者就是恕。忠由孝来，恕由悌来。忠和恕，是具体的对象，再加以泛化、推广，就是爱民了。后来孟子的"推恩"就是这一思路，张载的"民胞物与"也是这一思路。在讨论"礼乐治国"时，我们曾统计《论语》一书的概念用词，出现频率排前三位的词分别是"仁""君子""礼"。这三个词在孔子这里的内在关系是："仁"和"礼"是君子的一体两面，"仁"是修为，"礼"是目的。

不过，在儒学的发展过程中，不同学派对这一思想的实施都有所偏重。主要有两条路径。

一条是偏重内圣的心性发展路线，这条路线是《大学》《中庸》、孟子、二程、朱熹直到陆九渊、王阳明的心学。据传曾参作《大学》，提出"三纲八目"。其中"三纲"（"明明德""亲民""止于至善"）就是弘扬光明正大的德性，教化万民，弃旧图新，达到尽善尽美的境界，这是"外王"的境界与目标。实现这一目标的途径是"八目"，侧重的是修身，是内圣。

"修身、齐家、治国、平天下"，指由圣而王的过程，"格物、致知、诚意、正心"则是"修身"的基本途径。至于"齐家治国平天下"，在《大学》作者看来，其途径就是"修身"，此外别无他途。这应该是从孔子弟子颜回而来，颜回就是"内圣"的榜样。其后到孟子，其仁政学说核心在"仁"，其治国理论就四个字："仁政、民本。"此外他并没有提出更多的实际方法。其"亲亲仁民爱物"，其"推恩足以保四海"，走的都是内圣发散的途径。

关于人生境界，孟子提出了"善、信、美、大、圣、神"六个层次："可欲之谓善，有诸己之谓信，充实之谓美，充实而有光辉之谓大，大而化之之谓圣，圣而不可知之之谓神。"这里"善""信""美"就是内圣，"大""圣""神"就是外王。"充实而有光辉"是外王的开始，"大而化之""圣而不可知之"是外王的最高境界。孟子认为人性本善，只要将自己的善良品行加以弘扬，就可以内圣外王了。所以要存心养性，反身而诚，养浩然之气，并让这浩然正气"大而化之"。所谓思孟学派，强调的就是"自天子以至于庶人，壹是皆以修身为本"。

另一派可称为偏外王的"经世"发展路径。这一派当起于子夏。在孔门十哲中，子夏不像颜回、曾参辈那样恪守孔子之道，他关注的主要不是"克己复礼"，而是当世政治。他提出"仕而优则学，学而优则仕"，强调"学以致其道"，学习修身本身不是目的，致其道才是目的。子夏走的是一条经世致用的道路。

在孔子的"仁"与"礼"之中，孟子重点发展了"仁"，稍晚的荀子则重点发展了"礼"。荀子认为"人无礼则不生，事无礼则不成，国家无礼则不宁"，"规矩者，方圆之至；礼者，人道之极也"。他和孟子刚好相反，认为人性本恶，既然性本恶，那就不能发扬本性，只能想办法遏制这恶的本性，要约之以礼，甚至约之以法。所以荀子弟子韩非、李斯，很自然地走上了法家的道路。

荀子一路，后经汉代董仲舒，隋末王通，宋代陈亮、叶适，明清黄宗羲、顾炎武、王夫之、龚自珍、魏源、包世臣等人发展，走上一条经世致用的道路。

从荀子到秦代，偏外王的路线占了上风，由此产生了大一统的秦帝国。正是这大一统，事功伟业建立起来了，"王"是"王"了，但也由此带来了许多问题，例如，如何使在上位者行仁政，善待百姓？在安定的社会如何使万民之心也能安定？这样，"心性"路线又逐渐占了上风，尤其是到了宋代，高度的中央集权、绝对君权似已无法制约，既无神秘天威，亦无地方势力牵制，既无宗教的精神控制，又无实际的制度约束，政治向何处去？于是理学家们直承孟子，倡导"圣学"（所谓"自孟轲没，圣学失传"），提出"正君心"，重提当年《孟子·离娄》中提出的"格君心之非"，企图"正心以正朝廷"，要求明天理灭人欲，诚意正心；他们提出"内为本，外为末"，"修身为始，治平为终"，强调"道问学"。于是有宋一代，道德要求压倒一切。

到王阳明，尽管他悟道以后的主要时间都是在从事政务和军事活动，剿匪平乱，既立德又立功，但其学说宗旨主要在于"破心中之贼"。他说"破山中贼易，破心中贼难"，他重新阐释"格物致知"，提出"格物"只是"涤非"，即格去内心污粕之物，"致知"是致良知，即达到人初始本身具备的良知。他的知行合一，核心是恶念不可生，善念要行动，就是行善念，遏恶念，实际也就是在一"念"字，一切以治心为本。就这样，理学、心学最终走上了内圣脱离外王而独立发展的学术之路。

中国文化的共同追求

以上分析的是儒学一派。实际上，内圣外王是中国知识分子的普遍追求，是中国学术的基本精神。冯友兰在《新原道》中说："在中国哲学中，无论哪一派哪一家，都自以为是讲'内圣外王之道'。"

从庄子提出"内圣外王"四字的学术背景也可以看出这一点。学界大多认为《庄子·天下》是庄子本人为《庄子》全书所作的序言，全文开篇就提出"圣有所生，王有所成"，认为"圣"与"王"是天下学术所研究的基本问题，即所谓"道术"。他以"内圣外王之道，暗而不明"作为社会问题之所在，全篇围绕"内圣外王"，综述当时各派学术的主张，历数墨子、禽滑釐、宋研、尹文、彭蒙、田骈、慎到、关尹、老聃、惠施，直到他自己，是怎样围绕"内圣外王"进行学术讨论的。

从《庄子·天下》提出"内圣外王"的观念，也可以看出"内圣外王"是诸子共同的学术理念。庄子对"内圣"的人格理想是这样表述的："不离于宗，谓之天人；不离于精，谓之神人；不离于真，谓之至人。以天为宗，以德为本，以道为门，兆于变化，谓之圣人。以仁为恩，以义为理，以礼为行，以乐为和，薰然慈仁，谓之君子。""外王"的政治理想表现为："以法为分，以名为表，以参为验，以稽为决，其数一二三四是也，百官以此相齿；以事为常，以衣食为主，蕃息畜藏，老弱孤寡为意，皆有以养，民之理也。"这里的"天人、神人、圣人、天、道"是道家的说法，而"德、仁、礼、义、乐"是儒家的思想，"法、名"又有法家名家的影子。在庄子看来，"内圣外王"之道就是儒、道、法、名诸家思想结合的产物。

的确，中国古代学术没有追求西方那种以"宇宙问题与自然论"为核心的智者气象，而是热衷以"伦理政治与人生论"为主旨的贤人作风。这可以从"贤"字的字义演变看出一些端倪。

"贤"字的本义是多才，有能力，技能突出，并非道德之义。《诗经》"贤"字出现两次，一次指劳累，一次指射箭的技能。"贤"字的技能含义让位于道德含义，当在春秋。《墨子·尚贤》篇中，"贤"或指能力，或德能兼顾；《左传》"贤"字十七处，基本上是道德含义了。春秋战国时期，中国历史进入贤人时代，逐步形成其贤人作风，最终确立起"内圣外王"的文明格局。所以，中国学术以人与社会的关系为思考重点，着眼于构建人与人、人与社会、人与自然的和谐关系，不怎么关注解开宇宙之谜，而是热衷于研究怎样"成德""成人""成佛""成圣"乃至"成王"。

古代士子们往往有很高的政治热情，有强烈的社会参与意识，固然有后来的所谓"隐士"派，但隐的主因还在于政治的不遇、参与的不得。士子们有很强的使命感，乃至生出了"三不朽"，立德是"内圣"，立功是"外王"；立言，不是立"科学之言"，而是立"伦理政治"之言。生出了"四为之志"，"为天地立心"，是要在天地间确立正确的价值标准；"为生民立命"，是要为民众选择正确的命运方向，明确生命的价值和意义；"为往圣继绝学"，这绝学当然是指孔孟之学；"为万世开太平"，自然是"外王"了。张载的目标就是要使天下士子都能"内圣外王"。由此可见士子们有强烈的道德自觉和伦理精神，有强烈的入世态度和经世抱负。

中国学术的主要流派都以"内圣外王"为达到理想社会的根本办法，各家的分歧只在于何以"内圣"，何以"外王"。

老子的"无为而无不为"，就是典型的"内圣外王"。其"内圣"，就是清静无为、返璞归真，其"外王"之"无为"恰恰是其"内圣"的必然结果。所以他说："我无为，而民自化；我好静，而民自正；我无事，而民自富；我无欲，而民自朴。"庄子的"逍遥""养生""心斋""虚室生白"，等等，都是在求"内圣"，"至人无己，神人无功，圣人无名"，似乎反对"外王"，实际是由"内圣"而至"外王"的至高境界。《庄子·天道》说："天道运而无所积，故万物成；帝道运而无所积，故天下归；圣道运而无所积，故海内服。"他认为"夫虚静恬淡寂漠无为者，天地之平而道德之至也，故帝王圣人休焉"，"以此退居而闲游江海，山林之士服；以此进为而抚世，则功大名显而天下一也。静而圣，动而王，无为也而尊，朴素而天下莫能与之争美"，其目的还是在"外王"。

墨家提出"兼爱""非攻""尚贤""尚同""非乐""节葬""节用"等观点。其"内圣"以"兼爱"为核心，其"外王"以"节用、尚贤"为支点，同时辅以墨子创立的以几何学、物理学、光学为主要内容的一整套科学理论。

法家偏重"外王"，以法制为核心，以富国强兵为己任，积极参与各国政治事务，但也并非不讲道德，他们讲公德，讲究"利众"。

禅宗更是讲究"心性工夫"。《坛经》云："菩提只向心见，何劳向外求玄？"一切都从心上做工夫，实际上就是"内圣"的工夫。

概而言之，儒家的"内圣"是"仁"，"外王"是"礼"，"内圣"是"克己"，"外王"是"复礼"；法家的"内圣"是"利众"，"外王"是法制；道家的"内圣"是"清静"，是"真人"，"外王"是"无为"；墨家的"内圣"是"兼爱"，"外王"是其"节用、尚贤"加技术。禅宗的"内圣"是"度己"，"外王"是"度人"，"内圣"是"明心见性"，"外王"是"普度众生"。

内圣外王的三大缺陷

关注中国文化的内圣外王传统，要特别注意的是，这一传统，固然有其价值，诸如重视伦理，重视教化，主张怀柔，反对征服，反对侵略，等等。但是，它也至少带来中国文化三个致命伤：

一是以内圣为治国的根本，将一切寄托在统治者、当权者的道德修养上，以德治代替了法治，以德治代替了民主的监督，从而使得民主法治的发展严重滞后。

二是以内圣为学术的基本追求，使学术始终跳不出伦理政治的怪圈，导致缺乏对宇宙之谜的探索欲望，缺乏研究自然、研究科学的热情，最终导致了科学研究的严重滞后，终至影响了整个民族的发展。

三是，以内圣为士子的境界追求，导致士子们终日高谈心性，不重实业，不重事功，最终形成了学子们偏向"坐而论道"、不务实干、"四体不勤，五谷不分"的精神品相。以致明清时期，面临国家大难，民族危亡，只能是"平时袖手谈心性，临危一死报君王"，或者"愧无半策匡时难，惟余一死报君恩"。教训可谓惨痛。

撷英掇华

《 原典 》

孔子论内圣外王

子贡曰："如有博施于民而能济众，何如？可谓仁乎？"子曰："何事于仁，必也圣乎！尧舜其犹病诸①！夫仁者，己欲立而立人，己欲达而达人。能近取譬，可谓仁之方也已②。"（《论语·雍也》）

子路问君子，子曰："修己以敬。"曰："如斯而已乎？"曰："修己以安人。"曰："如斯而已乎？"曰："修己以安百姓。修己以安百姓，尧舜其犹病诸！"（《论语·宪问》）

①尧舜其犹病诸：哪怕尧舜都难以做到。病：担忧；诸："之乎"的合音，兼有"之乎"的意思。②能近取譬：能够就近（自身）打比方，即推己及人。仁之方：实行仁的方法。

文本大意 子贡说："如果有人能给人民许多好处，又能帮助众人过上好日子，怎么样呢？可以把它叫仁吗？"孔子说："何止是仁人，那必定是圣人了！尧舜尚且难以做到呢。所谓仁，就是自己想站住脚，就要帮助别人也能站住脚；自己想要通达，也要帮助别人通达。凡事能从身边事例推己及人，将心比心，这就可以说是实行仁的办法啊。"

子路问怎样才算是一个君子。孔子说："修养自己，对人对事严肃谦恭。"子路说："这样就行了吗？"孔子说："修养自己来使上层人士安乐。"子路说："这样就行了吗？"孔子说："修养自己来使所有老百姓安乐。修养自己来使所有老百姓安乐，尧舜大概还没有完全做到哩！"

孟子论内圣外王

孟子曰："人皆有不忍人之心。先王有不忍人之心，斯有不忍人之政矣。以不忍人之心，行不忍人之政，治天下可运之掌上。所以谓人皆有不忍人之心者，今人乍见孺子将入于井，皆有怵惕恻隐之心。

"非所以内交于孺子之父母也，非所以要誉于乡党朋友也，非恶其声而然也。由是观之，无恻隐之心，非人也；无羞恶之心，非人也；无辞让之心，非人也；无是非之心，非人也。恻隐之心，仁之端也；羞恶之心，义之端也；辞让之心，礼之端也；是非之心，智之端也。人之有是四端也，犹其有四体也。有是四端而自谓不能者，自贼者也；谓其君不能者，贼其君者也。凡有四端于我者，知皆扩而充之矣，若火之始然，泉之始达。苟能充之，足以保四海；苟不充之，不足以事父母。"

文本大意 孟子说："每个人都有怜恤别人之心。先王有怜恤别人之心，所以才有怜恤百姓之政。用怜恤别人之心，施行怜恤百姓之政，治理天下就很容易了。之所以说每个人都有怜恤别人之心，是因为如果有人突然看见一个小孩快要掉到井里了，必然会有惊骇同情之心。

"这不是要想去和这孩子的父母拉关系，也不是要想在乡邻朋友中博取声誉，也不是因为讨厌孩子的哭声才这样。由此看来，没有同情心，简直不是人；没有羞耻心，简直不是人；没有谦让心，简直不是人；没有是非心，简直不是人。同情心是仁的发端；羞耻心是义的发端；谦让心是礼的发端；是非心是智的发端。人有这四种发端，就像有四肢一样。有了这四种发端却自认为不行的，是自暴自弃的人；认为他的君主不行的，是暴弃君主的人。凡是有这四种发端的人，知道都要扩大充实它们，就像火刚刚开始燃烧，泉水刚刚开始流淌。如果能够扩充它们，便足以安定天下，如果不能扩充它们，就连赡养父母都成问题。"

名言

◎太上有立德，其次有立功，其次有立言，虽久不废，此之谓不三朽。（春秋·叔孙豹）

◎言辞信，动作庄，衣冠正，则臣下肃。（春秋·管仲）

◎我无为，而民自化；我好静，而民自正；我无事，而民自富；我无欲，而民自朴。（春秋·老子）

◎修己以安百姓。（春秋·孔子）

◎克己复礼为仁。一日克己复礼，天下归仁焉。（春秋·孔子）

◎夫仁者，己欲立而立人，己欲达而达人。（春秋·孔子）

◎好学近乎知，力行近乎仁，知耻近乎勇。知斯三者，则知所以修身；知所以修身，则知所以治人；知所以治人，则知所以治天下国家矣。（春秋·孔子）

◎可欲之谓善，有诸己之谓信。充实之谓美，充实而有光辉之谓大，大而化之之谓圣，圣而不可知之之谓神。（战国·孟子）

成语

◎修齐治平：即修身、齐家、治国、平天下。指提高自身修为，管理好家庭，治理好国家，安抚天下百姓苍生。

◎修己安人：提高自身修养，使人民安乐。

◎王道乐土：施行仁政，把国家治理得很好，百姓安居乐业。

◎独善兼济：在不得志的时候要洁身自好，保持自身的品德修养，在得志的时候要使天下受到恩惠。

◎君子慎独：一个人在独处无人监管时，仍然能坚守信念与道德，不做任何坏事。

◎不欺暗室：在没有人看见的地方，也不做见不得人的事。

第 17 课

经世致用：实用理性的应用型文化心理

经世致用：学问必须有益于国计民生，是明清之际儒学大师们提出的学术主张。语出明末清初孙奇逢《四书近指》："诵诗读书所以经世致用，嘘古人已陈之迹，起今日方新之绪，方是有用之学。"

实用理性的文化传统

余秋雨曾虚拟过一组这样的镜头："古希腊的哲人在爱琴海边思考人与自然的关系，古印度的哲人在恒河边思考人与神的关系，古中国的哲人在黄河边思考人与人的关系。"的确，西方人兴趣在自然，总想去一探其秘；印度人崇拜神灵，喜欢探讨来世福报；中国人则关注自身，热衷处理现世关系。我们对神和自然态度消极，只求实用。比如自然，只求互不伤害，和平共处，于是崇奉天人合一。至于神，高深莫测，难以研究，只求庇佑。所以，自然和神灵，两不得罪，敬而远之。要紧的是怎么获得现世的幸福，怎么与亲人、朋友、族人、同僚、邻里相处？我们从巫史文化中解放出来，"没有走向闲暇从容的抽象思辨之路（如希腊），也没有沉入厌弃人世的追求解脱之路（如印度），而是执着人间世道的实用探求"（李泽厚《中国古代思想史论》）。

于是中西文化就有了这样的区别：人家学以致知，我们学以致用；人家重思辨，我们重现实；人家外向于客观世界以探秘，我们内倾于主体只求适应客体；人家求事实，我们求法则；人家求浪漫，我们重事功；人家忙着处理人神关系，我们忙于协调人际关系。人家重视来生和神界，视人世与人生为纯粹幻觉，追求超自然的心灵满足；我们则关心"家事国事天下事"，即《左传》所谓的"三事"——"正德、利用、厚生"，即纯正品德，便利器用，丰富生活。于是我们主要发展了"崇德贵民的政治文化、孝悌和亲的伦理文化、文质彬彬的礼乐文化、天民合一的存在信仰、远神近人的人本取向"（陈来《中华文明的核心价值》）。

我们就这样形成了一种实用、理性的应用型文化心理。

中国文化基础理论不发达，自然哲学不发达，伦理哲学却高度繁荣，所谓"广大高明而不离乎日用"。中国史学发达，原因就在于治史可以"资治"。我们重视诗乐，却并不为着浪漫与好玩，而是为政治实用，是礼乐治国。所以仅就文学而言，诗乐备受青睐，而小说、戏剧终难成正宗文学。中国的原始绘画，都是实用艺术，没有发现欧洲那种纯艺术的原始洞壁艺术。中国古代语言学相当发达，其目的不在语言而在为经学服务，所以一直被称为"小学"。

中国古代实用科技高度发达。李约瑟曾对中西发明做过比较，列出古代中国领先于西方的实用技术发明二十六项，这还是受二十六个字母的限制；而古代西方的发明他仅开列了四项。比如兵农医艺、天文历算、制造炼丹等涉及民生政治的实用性科技，我们都走在世界前面。李约瑟说，中国人"在许多重要方面有一些科学技术发明，走在那些创造出著名的'希腊奇迹'的传奇式人物的前面，和拥有古代西方世界全部文化财富的阿拉伯人并驾齐驱，并在公元3世纪到13世纪之间保持了一个西方望尘莫及的知识水平"。但在纯知识的理论研究方面，却始终落后于西方。中国的数学基本没有研究整数性质的这种纯理论性的数论，注重的是应用层面的算法，"在从实践到纯知识领域的飞跃中，中国数学是未曾参与过的"。数学如此，化学、天文学更是如此。

宗教方面，未陷入全民族的宗教迷狂，我们重圣贤而轻仙佛，世俗的入世思想始终压倒神异的出世思想。中国式的宗教大多不重视肉身修炼，所谓"菩提只向心觅，何劳向外求玄"(《坛经》)，可以"酒肉穿肠过，佛祖心头坐"。更有趣的是，中国的一些佛教庙宇竟然挂上了道教的匾额或镶刻了弘扬道教教义的对联。中国人拜神，不论仙佛，只要有神便拜，甚至进道观行佛礼，因为无涉信仰，只求保佑。

富有抽象思辨兴趣的名家和墨家没能得到发展，富于思辨性的佛教唯识宗在唐代被引入中国，受皇家力推而名重一时，但最终却让位于慧能创立的不重思辨、简单实用的禅宗。

诸子的经世致用精神

春秋战国之际，百家争鸣，但诸子从不去做纯粹的学问，他们积极投身时代，以天下为己任，踊跃参与政治，人人都想为诸侯出谋划策。汉代班固《答宾戏》曾这样描绘当时情景："是以圣哲之治，栖栖遑遑，孔席不暖，墨突不黔。"意思是，当时孔子、墨子们奔走于诸侯间，席不暇暖，烟囱还没熏黑，又匆匆到别处去了。

所以，诸子之学无非国计民生，都是治国理政的大学问和济世安民的真学问。

先不说积极入世的儒家，且看墨家。

墨家"以裘褐为衣，以跂蹻（jué，草鞋）为服，日夜不休，以自苦为极"，"赴火蹈刃，死不旋踵"（至死也不后退），"摩顶放踵利天下"；还直接参与宋国的反侵略战争。墨子先习儒术，因觉得儒术"其礼烦扰而不悦，厚葬靡财而贫民，久服伤生而害事"（《淮南子》），才自立一宗。他从"致用"角度出发，以"兴天下之利，除天下之害"为宗旨，所倡"兼爱、非攻、尚贤、尚同、节用、节葬、非命、非乐"等，无不立足实用。凡国计民生之学，墨家都非常重视，《墨子》一书，集政、经、文、科、教、兵诸学之大成，堪称春秋战国之际的百科全书。

杨向奎先生认为，"一部《墨经》，无论在自然科学哪一方面，都超过整个希腊，至少等于整个希腊。"看看《墨子》一书最后十一篇的篇名（《备城门》《备高临》《备梯》《备水》《备突》《备穴》《备蛾传》《迎敌祠》《旗帜》《号令》《杂守》），就能感受到那种

墨子像

强烈的致用意味。墨家甚至因为崇尚实用而走向了反对一切音乐美术（"非乐"）的极端。

法家以富国强兵为己任，研讨治国之术。他们热衷政治，研究管理，奖励耕战，提出了一整套可行性强的治国安民方案。其学术涉及社会改革、法律、行政、组织、管理、经济，乃至今天所谓的金融、货币、国际贸易等。法家不是纯粹的理论家，而是积极入世的行动派，讲究实际效用的实干者。

纵横家以政治外交为其基本活动内容，为各国政治家出谋划策，以布衣之身说诸侯，以三寸之舌退雄师，如苏秦一身而挂六国印，张仪以片言得楚六百里，蔺相如凭智勇完璧归赵。像兵家、农家、医家，直接服务民生，更有强烈的入世精神。

至于名家，似乎就是在玩弄语言、玩弄概念，但他们最先是围绕"刑名"问题以研究刑法概念著称的，后来才逐渐从"刑名"研究发展到"名实"研究。

唯有道家，似乎远离政治，颇有出世味道，但老子并非没有经世欲望，只是"知其不可而不为"，他作《老子》，无非因世道艰难，好为时人指一条明路。冷峻超脱如庄子，也有《应帝王》之类的政治设计。

所以，司马迁说："（诸子）各著书言治乱之事，以干世主，岂可胜道哉！"（《史记·孟子荀卿列传》）

儒学经世传统与分野

孔子其时，礼崩乐坏，为恢复周礼，他周游列国以干诸侯，并宣称"苟有用我者，期月而已可也，三年有成"，"如有用我者，吾其为东周乎？"他甚至自称"我待贾（价）者也"。虽然到处碰壁，却是屡败屡战，知其不可而为之，以至于无可奈何地感叹："甚矣，吾衰也！久矣，吾不复梦见周公。"

孔子以这样的政治热情开创儒学，将目光投向人生、社会，"不语怪力乱神"。在他看来，"未知生，焉知死"，"未能事人，焉能事鬼"。他删诗书，订礼乐，述《春秋》，并非为纯粹的学术，正如司马迁转述的那样："子曰：'我欲载之空言，不如见之于行事之深切著明也。'"所以"《礼》以节人，《乐》以发和，《书》以道事，《诗》以达意，《易》以道化，《春秋》以道义。拨乱世反之正，莫近于《春秋》"。

孔子以实际价值考虑学问，他说："诵《诗》三百，授之以政，不达；使于四方，不能专对，虽多，亦奚以为？"他提出诗歌价值的"兴观群怨"说，关注其社会实用价值，关注其育人功能和交际功能，即所谓"兴于诗、立于礼，成于乐"，"不学诗无以言"。诗乐以外的其他文学艺术，则是"行有余力则以学文"。同样，关于语言，其"辞达而已矣"，是典型的实用语言观。所以清代章学诚说"六经皆史"，更可以说是六经皆"实"。

孔子儒学是经世致用的典范。但是，由于对社会主要问题认识的不同，导致后来儒学分化。孔子在世已将儒学分为德行、言语、政事、文学四类，孔子死后，儒分为八，后历经战国与秦汉，或衰落，或归并，最后归为二，一为孟子的"孟氏之儒"，一为荀子的"孙氏之儒"。

在讨论"内圣外王"时，我们分析了儒学分化为偏内圣的一派和偏外王的一派。内圣一派是孟氏之儒，其学出于孔子嫡孙子思（孔伋）；内圣一派还包括深受颜回、曾参影响的《大学》《中庸》。这一派实际上是一条"内圣经世"的路线，历经三个高潮：其一为孟子与《大学》《中庸》，其二为程朱理学，其三为陆王心学。

三者其始都直指时弊。如孟子，身处战国，诸侯兼并，攻伐频盈，贵族奢靡，民生痛苦，他以"当今之世，舍我其谁"的自信心，不断向各国诸侯自我推荐，倡导仁政，高呼民本，试图以此拯救斯民。《大学》则提出齐家治国平天下，"壹是皆以修身为本"。

到唐末五代，社会道德沦丧，至宋，中央高度集权，绝对君权既无神权约束，也无地方势力制衡，加上佛、道"虚""空"思想传播，主流精英喜好佛、道，以致消极厌世。为拯救世道人心，挽回"君心"，张载、二程、朱熹等学者，倡导理学，重视修身，提出"诚意正心""明天理灭人欲"，以道德要求压倒一切，以期"正君心"，救世风，昌国运。时至明代，社会动荡，矛盾尖锐，土地兼并，民不聊生，乱者四起，而理学末流，空谈道德，知而不行，全社会从上到下面临言行不一、知行脱节的道德危机。王阳明苦思破贼之策，发现"破山中贼易，破心中贼难"，于是倡导以"致良知""知行合一"为宗旨的阳明心学，以期破除人们心中之贼，挽救时艰，也是典型的"内圣经世"。

明清实学与经世致用

儒学有起于孟子的"内圣经世"一派，更有起于子夏的"外王经世"一派。孔门十哲中，子夏主要关注的不是"克己复礼"，而是当世政治；他提出"学而优则仕"，强调"学以致其道"。其后荀子弘扬子夏之学，重点发展孔子的"礼"，以人性本恶为思维起点，指出"人无礼则不生，事无礼则不成，国家无礼则不宁"，强调要约之以礼；其弟子韩非、李斯，很自然地走上了法家的道路。子夏之学经荀子，再经汉代董仲舒，隋末王通，宋代陈亮、叶适，至明清黄宗羲、顾炎武、王夫之、龚自珍、魏源等大力弘扬，儒学最终发展成"实学"，成为完全意义上的"经世致用"。

"实学"一词最早见于东汉王充的《论衡》，后用以指通经、修德、时务、致用之学，也用以指儒学发展到宋元明清时期形成的特殊理论形态和特定历史阶段。

实学肇始于宋代。宋代理学本针对隋唐以来佛道两家的虚空之学，但理学流行，竟也逐渐演变成奢谈心性命理的空疏之学，南宋以吕祖谦为首的浙东金华学派起而反对空谈心性，提倡明理躬行，学以致用，开实学的先声。稍后以叶适为代表的永嘉学派和以陈亮为代表的永康学派，展开对理学空谈的猛烈批评，将实学引向功利之学。

到晚明，国家危机重重，但阳明心学的后继者却以旷达相矜夸，以玄谈为学问。为救晚明危机，大批知识分子如徐光启，如东林党人顾宪成、高攀龙，复社张溥、陈子龙等，重倡南宋学者们提出的实学。

明朝灭亡后，明末清初的大儒们反思明亡的教训，深感理学心学是导致知识分子"愧无半策匡时难，惟余一死报君恩"的重要原因。这些学者曾经或信奉理学，如顾炎武、王夫之、颜元等，或追随心学，如黄宗羲、孙奇逢、李颙（yóng）等，却都从理学与心学阵营反叛而出，抛弃明心见性的空谈，批判程朱理学"束书不观，游谈无根"的学风，正式提出"经世致用"的学术主张。至此，经世致用的实学思潮声势浩大，形成高潮。

明清实学的基本特征是"崇实黜虚"，全方位提倡一个"实"字，讲究"实体""实践""实行""实习""实功""实言""实政""实事""实风"等。其主要特点有四：

一是反对束书不观，空谈心性。

他们认为，学术要以国家存亡、万姓生死、身心邪正为目标（吕坤），不与百姓日用相结合，便不是学问（高攀龙）；文须有益于天下，学问要"明道""救世"，穷六经之旨、急当世之务（顾炎武）；学者当"思以济世、学必实用，不发空言、见诸实效"（傅山）；当以天下兴亡为己任，"拨乱世，反诸正"（顾炎武）。

二是提倡实用之学。

他们或重史学，如李贽、黄宗羲、顾炎武、王夫之等，考订史料，借以揭示成败兴坏之理，阐释治乱兴衰根由，探寻国家治乱之源、生民根本之计。

或重哲学，如黄宗羲、王夫之、颜元、戴震等，重视世界的物质实体，强调实践力行，讲究自然人性，关注人的现实利欲，注重

"实功"。

或重科技，其时涌现了一批科学家，如李时珍、徐光启、朱载堉、宋应星、方以智、王锡阐等，产生了一批科技巨著如《本草纲目》《天工开物》《农政全书》，形成了我国古代科技发展的最后一个高峰。

或重社会批判与建设，如张居正、顾宪成、张溥、陈子龙、顾炎武、黄宗羲、洪亮吉、龚自珍、魏源等，他们揭露批判社会弊病，设计、实施拯救时弊的方案。

三是学术视野广阔。

此时学术研究的视野从儒家经典扩大到了自然、社会和思想文化的诸多领域，天文地理、山岳河漕、典礼制度、兵农医药、田赋风俗等，都在研究之列。当时产生了一批百科全书式的学者，如顾炎武，经史子集、地理音韵、哲学实业，无一不精；徐光启，数学、天文、历法、农学、水利，造诣皆深；黄宗羲，史学、经学、天文、历算、音律，样样精通；方以智，儒学、天文、地理、历史、物理、生物、医学、文学、音韵等，均有深研。他们还将目光投向域外，学习西方，大量译介西方机械、物理、测绘、历算等科技书籍，从明中后期到清中期译介的西方科技书就达一千五百种。后来林则徐"开眼看世界"，翻译西书，魏源编撰《海国图志》，提出"师夷长技以制夷"。

四是重视调查研究，倡导"实事求是"的学风。

他们或重实验，如徐光启在多地开辟农庄，进行农业实验，总结农作经验。或注重调研考察，如顾炎武，地理学家徐霞客、顾祖禹，医药学家李时珍，都是"读万卷书，行万里路"的典范。或重实证考据。他们主张"治经皆主实证"。顾炎武重视考据，凡立一说，必广求证据，反复辨析，开朴学之风。当时涌现一大批考据大家，如王鸣盛、钱大昕、戴震、阎若璩、钱大昕、王念孙、王引之等，考据之风至乾隆、嘉庆时期达到极盛，形成了所谓的"乾嘉学派"。

经世致用治学理念的价值有目共睹，但它也带来了弊端，正如刘梦溪先生批评的那样："这种传统过于看重学术的目的性，把学术只作为一种手段，不知道学术本身也是目的……它也是造成中国学术不能独立的一个原因。"另一方面，乾嘉学派流弊所及，最终使知识分子脱离现实，钻牛角尖，为考证而考证，竟让明清实学走到了经世致用的反面。

 撷 英 掇 华

原典

顾炎武① 论经世致用

其一

文之不可绝于天地间者，曰明道也，纪政事也，察民隐也，乐道人之善也。若此者，有益于天下，有益于将来。多一篇，多一篇之益矣。若夫怪力乱神②之事，无稽之言，剿袭③之说，谀佞④之文，若此者，有损于己，无益于人，多一篇，多一篇之损矣。(《日知录》)

其二

孔子之删述六经，即伊尹、太公⑤救民于水火之心。而今之注虫鱼、命草木⑥者，皆不足以语此也。故曰，载之空言，不如见诸行事⑦。夫《春秋》之作，言焉而已，而谓之行事者，天下后世用以治人之书，将欲谓之空言而不可也。愚不揣，有见于此，故凡文之不关乎六经之指⑧、当世之务者，一切不为。而既以明道救人，则于当今之所通患，而未尝专指其人者，亦遂不敢以辟⑨也。(《与人书三》)

其三

君子之为学，以明道也，以救世也。徒以诗文而已，所谓雕虫篆刻⑩，亦何益哉？(《与人书二十五》)

①顾炎武（1613～1682）：昆山人，与黄宗羲、王夫之并称为明末清初"三大儒"，杰出的学者、思想家，著有《日知录》等。②怪力乱神：语出《论语》"子不语怪力乱神"，指孔子不谈论怪异、勇力、叛乱和鬼神之类事情。③剿袭：剽窃

别人言论。④谀佞（yúnìng）：奉承献媚。⑤伊尹：中国商朝初年著名贤相、政治家、思想家。太公：姜子牙，西周开国元勋，被称为"太公望"。⑥注虫鱼、命草木：考订草木名称。⑦载之空言，不如见诸行事：语出司马迁《太史公自序》："子曰：'我欲载之空言，不如见之于行事之深切著明也。'"⑧指：通"旨"。⑨不敢以辟：不敢视而不见。辟：通"避"，逃避。⑩雕虫篆刻："虫"指虫书，"刻"指刻符。虫书、刻符是秦代的两种字体，是西汉学童必习的小技。后用以比喻微不足道的技能。

文本大意

其一

文章不能在天地之间断绝，是因为它可以阐明道理、记述政事、体察民情，乐于称道别人善行。像这样有益于天下，有益于将来的，多一篇，就有多一篇的好处啊。如果涉及那些怪异、斗狠、悖乱、鬼神之事，写荒诞不经的话，抄袭别人观点，作奉承谄媚的文字，像这样对自己有害，对别人无益的，多一篇，就多一篇的损害啊。

其二

孔子著述六经，就是本着贤相伊尹和太公那种救民于水火之心。而现在那些考订虫鱼草木名称的，都少了这种精神。所以说，与其记载一些空洞的言辞，不如付诸实践行动。当然，《春秋》这类书，记载的虽然也是语言，但却说它强调实践行动，是因为它是指导天下后世管理人事的书，想要说它是空洞的言辞是不行的。我不揣鄙陋，正是考虑到这一点，所以凡属与儒家六经经义和当代事务没有关系的，一概不作。既然要阐明治国之道、拯救世道人心，那么对于当今所一致担忧的，且不曾专门针对某些个人的事，便也不敢回避。

其三

君子研究学问，是用来阐明道理、拯救世道的。仅仅只是写写诗赋文辞，就是所谓的雕虫小技，有什么益处呢？

名言

◎诵《诗》三百，授之以政，不达；使于四方，不能专对，虽多，亦奚以为？（春秋·孔子）

◎未能事人，焉能事鬼？（春秋·孔子）

◎未知生，焉知死？（春秋·孔子）

◎务民之义，敬鬼神而远之，可谓知矣。（春秋·孔子）

◎子不语怪力乱神。（《论语》）

◎正德、利用、厚生，谓之三事。（《左传》）

◎兴天下之利，除天下之害。（春秋·墨子）

◎墨子兼爱，摩顶放踵利天下，为之。（《孟子》）

◎大人不华，君子务实。（东汉·王符）

◎名必有实，事必有功。（东汉·荀悦）

◎有关家国书常读，无益身心事莫为。（近代·慰恂）

成语

◎屠龙之技：比喻技术虽高，但无实用。

◎敦本务实：崇尚根本，注重实际。

◎真金不镀：真的黄金用不着再镀金。比喻有真才实学者何必装饰。

◎利用厚生：充分发挥物的作用，使民众富裕。

◎清谈误国：崇尚空谈，不务实干，会耽误国事。

◎处实效功：处理事情从实际出发，讲究功效。

◎循名责实：按着名称或名义去寻找实际内容，使得名实相符。

第18课

儒道互补：文化发展的理性选择

儒道互补，指中国文化是一个多元互补的系统，其中以儒道两家影响最大，从而形成了中国文化外儒内道，道中有儒，儒中有道的格局。

儒道何以能相容，何以能互补？我们不妨梳理一下儒道的逻辑理路。

"仁"与"道"，分别是儒道两家的逻辑起点。

孔起于仁

孔子的学问，主要是做人的学问，学术界称其为伦理哲学，所以，阅读孔子的著述时，主要从做人的角度去思考，大致是不会错的。既然是做人，那么其关键是什么呢？这就涉及孔子思想的核心，也就是为人的基本标准，那就是仁。孔子思想的核心是仁，所谓"仁以为己任"，做到了仁，什么都好办了。在他看来，仁就是为人的根本，做人的一切都是由有没有"仁"而派生的，所以说，人以仁为本，"本立而道生"。

后来，孔子仁的思想在孟子那里得到了发扬光大，孟子由此发展出了"仁政"学说。孟子的"仁政"则以民本思想为核心，强调"以民为本"，他认为，对一个国家来说"民为贵，社稷次之，君为轻"，他要求统治者与民同乐，并由此形成了他的"王道"主张，就是要求统治者以仁义治天下，以德政安抚臣民。毫无疑问，孟子的"民本"思想意义非常重大，可惜在后来的儒学中没有得到更大的发扬。

仍然回到孔子。为了实现"仁"，孔子提出了"礼"，"礼"就是"仁"的外在表现，所以他提出要"克己复礼"。孔子的"礼"，包括忠、孝、节、义、信，等等，所谓"君君，臣臣，父父，子子"，所谓"行、忠、信"，这些都是用来约束人的行为的"礼"，即所谓"约之以礼"，而"约之以礼"的目的就在于实践其仁的主张。

后来的儒家侧重发扬了孔子的"礼"，形成了"三纲五常"礼教传统，核心内容可能有变化，可能更多是为了维护封建统治。但在孔子这里，克己复礼的核心还是"仁"。但是，由于"礼"重在约束，重在区分人的等级，可能带来人与人之间关系的疏离，于是孔子便特别倡导"乐"，音乐有重要的教化作用，在儒家的基本思想里，有句话叫"礼别异，乐和同"，就是说，"礼"是规范人的，是区别人的等级的，音乐则是拉近人的情感距离的，是来感化人的，所以孔子说"立于礼，成于乐"，认为"文之以礼乐，亦可以为成人矣"。所以，在儒家经典中，就有专门的《礼记》和《乐记》。"礼"与"乐"是儒家达到"仁"的不可或缺的两个途径，于是孔子的政治思想就叫"礼乐治国"。

礼乐治国，当然有其重要的政治价值，但是它也可能带来一些问题，可能会束缚人的思想，限制人的自然天性，所以道家提出"绝圣弃智"，提出要回归人的自然本性。

孔子为实现"仁"的主张提出"礼""乐"这两条途径，礼与乐的结合实际上就是一种中和，所以，"中庸"也就理所当然地成为儒家的重要思想。《论语》中涉及"中庸"的地方相当多，甚至在《礼记》一书中还专门有《中庸》一章，相传为孔子的嫡孙子思所作。到朱熹，还将《中庸》与《大学》《论语》《孟子》编在一起，合称"四书"，成为儒家最基本的经典；甚至在世人的心目中，儒家之道就是中庸之道。不过，儒家的中庸之道很容易让人产生误解，以为中庸就是调和，就是和稀泥，就是无原则地折中，其实儒家中庸的内核是"和而不同"，尤其在孔子那里，中庸是有原则的和谐，而这原则，内就是"仁"，外就是"礼"。

为了成就其内"仁"外"礼"，孔子十分重视学习。他说"十有五而志于学"，他将学习提到了很高的高度。不过，孔子重视的是学习做人的知识、伦理知识，他说："好仁不好学，其蔽也愚；好知（智）不好学，其蔽也荡；好信不好学，其蔽也贼；好直不好学，其蔽也绞；好勇不好学，其蔽也乱；好刚不好学，其蔽也狂。"

在知识论上，孔子相对不太关心与做人关系不大的知识，不太关心自然知识，所以"子不语怪力乱神"，这一方面产生了一种敬天、尊重自然的思想，另一方面，它可能缺少一种对真知的探究精神，尤其是对科学知识的探究。孔子建立的知识系统是伦理知识系统，是以人为中心的，教导人怎么做人的知识系统。这样，其哲学思想与道家比就有了一定距离。道家就是要追问：这世界到底是怎样的？人的知识到底是怎么回事？

这里还有一件奇怪的事。本来在儒家的早期著作《大学》中，就提出了"格物致知"的主张，虽然后来对此解释五花八门，但大多主张是"探究事物原理，从中获得智慧"的意思，但这个思想很长时间没有受到儒家的重视，这恐怕是受孔子本身对待自然知识的态度影响。直到后来的宋明理学，尤其是朱熹才重新审视"格物致知"。

孔子的社会理想是建立一个大同社会，所谓"大道之行也，天下为公"，他希望统治者能选贤任能，重视礼乐，老百姓能安居乐业，全社会能和谐相处，道不拾遗，夜不闭户。后来，这一理想在孟子那里有了更具体的描述："五亩之宅，树之以桑，五十者可以衣帛矣；鸡豚狗彘之畜，无失其时，七十者可以食肉矣；百亩之田，勿夺其时，数口之家可以无饥矣；谨庠序之教，申之以孝悌之义，颁白者不负戴于道路矣。七十者衣帛食肉，黎民不饥不寒。"

老始于道

老子一开始就对世界本源进行追问，追问的结果是：这本源就是"道"。"道"就成了老子学说的逻辑起点，所以他创立的学派就叫"道家"。那么"道"是什么？如果你一定要明明白白地去解释"道"是什么，那就很难读懂老子了，因为他研究来研究去，结果发现"道"是不可知的，是很神秘的，是无处不在的，唯一可说是：道是自然的，是朴素的，人对它是无能为力的。

老子从这里出发，觉得人唯一能做的就是顺从它，回归它，而道在自然，所以，最终就是顺其自然，回归自然，即所谓"道法自然"。"道"的特点是自然的，是虚静的，所以，老子自然而然地提倡虚静，提倡无为，提倡不争。当然，这个"无为"，应该不是绝对的无为，而是老子看到了人类的过分之为给自然、给社会、给自身带来的许多伤害，从而看到了"为"的负面作用，于是用几乎极端的语言提出"无为"。其实顺其自然，那也是一种"为"。所以，老子反对的应该是"逆道"之"为"，而顺天应人之"为"恐怕不在他的反对之列。

既然道是不可知的，是神秘的，人应该无为、不争，于是反对知识、反对文明似乎就成了老子逻辑的必然。所谓"五色令人目盲"，"绝圣弃智，大盗乃止"。所以，在人生理想和社会理想上，老子强调要返璞归真，要回到原始的时代，要回到小国寡民的时代。

那么老子真的是反对知识、反对文明和进步吗？五千言的《老子》本身不就是知识吗？道家学说不就是文化？实际上，老子的说法是有深意的。整本《老子》，不过是在用极端之言"警醒"人们，《庄子·天下》就明白说："庄周闻其风而悦之，以谬悠之说，荒唐之言，无端崖之辞，时恣纵而不傥。"就是说，他以缥缈无稽的原理，浩荡无际的说法，没头没尾的谈话，偶尔兴趣来了，随意乱扯一通。看来是乱扯，其实包含至理，所以不要被老子庄子"荒唐之言"的表象骗了。所以，老子反对五色、五音等，只是在提醒人们不可贪图享乐，他的"绝圣弃智"，是要人们不可盲从，要看到知识的两面性，要看到圣人之道的两面性，要看到儒家仁义等学说的弊端，要警惕社会的过分发展，要克制人的贪欲，最终强调回归人的自然本性。

在《老子》全书中，你甚至会发现比上述思想更重要的思想，比其"道"似乎还要重要的东西，那就是老子的辩证思维，他总是在提醒我们要看到事物的两面性，尤其要警惕所谓的好现象中的不良因素，看到自身行为的不同后果，尤其是可怕后果，即所谓"信言不美"，即所谓"祸兮福之所倚，福兮祸之所伏"。也许老子正担心我们读不懂他的意思，担心我们误解他的"警醒"之言，所以他告诉我们"正言若反"。这就是老子的伟大之处。

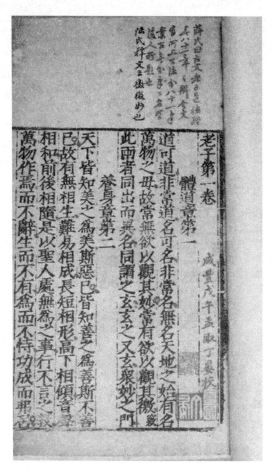

《老子》书影（明嘉靖六年本）

中国智慧
写给中学生的18堂国学哲思课

儒道互补

应该说，孔子和老子所处的时代是相对黑暗的时代，他们身处所谓春秋末期，什么叫末期？就是一个时代快要崩溃了，快要灭亡了，又似乎还没有看到新曙光的时代，全社会都有一种末世心理。面对这末世，孔子和老子都讲"道"，但是，孔子的"道"，是人伦之道，是以"仁"为内核的人道。老子的"道"，是天道，是自然之道，是不可捉摸的天地规律。正因为老子的"道"是不可捉摸的，那么人唯一能做的就是顺从，就是回归。

孔子、老子面对的都是"知其不可为"的时代。在老子那里是"天下事知其不可而不为"，既然没有办法强求，那就"从了它"吧，顺其自然吧；既然没有办法，那我回家去吧，回到我们那个叫自然的老家去吧。所以，要理解老子的思想，可以从三方面把握。第一个方面，从方法上说，是辩证法。他从儒家意想不到的地方开始思考问题，总是反过来想。第二个方面，从哲学本体论上说，是"道"，是他对世界的根本认识。第三个方面，最终落实在行动上，就是"清静无为"和"顺从""回归"，而"清静无为"还只是表象，本质上是"顺从"和"回归"。"顺从"，是顺从天道，顺从本性；"回归"，是回归自然，回归自我。人要为自己而活，为本性而活，要活出真我。

但是孔子不同，虽然他身处这个黑暗的时代，一辈子到处碰壁，"累累若丧家之犬"，但孔子的精神是"天下事知其不可而为之"，他认为人生是可以把握的，人生有一种社会责任，志士仁人应为社会而活，应该"仁以为己任"，甚至可以杀身成仁。所以由儒家这里发展出了"天行健，君子以自强不息"的奋斗精神，也正是这种精神鼓舞着古往今来的仁人志士。

至此，我们是否能发现儒与道各自的理路和各自的价值呢？儒家的基本特征是刚健进取、积极入世；而道家的基本特征则是遁世退隐、消极出世，两家的人生态度各有得失。在中国传统社会，两家并非完

苏轼像（赵孟頫　绘）

全隔绝、毫不相干，而是彼此交融、表里相辅。

在实际的人生道路上，儒家居于中国文化的显层，道家则处于中国文化的深层，多数时候隐而不显，但却渗透到思想文化的方方面面。以儒家中庸之道处事，以道家取得内心超脱，是苏轼、李白等文人的共通处，即所谓外儒内道。儒家说，读书人要达则兼济天下，穷则独善其身。其实，知识分子们在"达"的时候，可能会表现出更多的儒家精神，而"穷"的时候呢，也许会以道家精神来调剂自己的内心。其中最典型的应该是苏轼。苏轼一生，起起落落，但是他以儒为政，以道养生，以释宽怀，活出了人生的精彩。

几千年来，儒家总是反复叮咛，教导我们应该怎么做，而道家则用极端的方法警醒我们，不能怎么做，他们相生互补，一则偏刚，一则偏柔；一则重社会，一则重个体自身；一则看到了好的一面，一则看到了坏的一面；一则告诉我们如何进攻，一则告诉我们如何退守。这本身就是中国文化的辩证精神。

撷英掇华

原典

颜渊问仁，子曰："克己复礼为仁。一日克己复礼，天下归仁焉。为仁由己，而由人乎哉?"颜渊曰："请问其目?"子曰："非礼勿视，非礼勿听，非礼勿言，非礼勿动。"颜渊曰："回虽不敏，请事斯语矣。"（《论语·颜渊》）

文本大意 颜渊问什么是仁。孔子说："克制自己，回归周礼，就是仁。一旦这样做了，天下的一切就都归于仁了。实行仁德，完全在于自己，难道还在于别人吗?"颜渊说："请问实行仁的要点。"孔子说："不合礼的不看，不合礼的不听，不合礼的不说，不合礼的不做。"颜渊说："我虽然愚笨，也要照您的这些话去做。"

齐景公问政于孔子，孔子对曰："君君①，臣臣，父父，子子。"公曰："善哉! 信如君不君、臣不臣、父不父、子不子，虽有粟，吾得而食诸?"（《论语·颜渊》）

①君君：第一个"君"是名词，第二个"君"是动词，像君主。后文"臣臣、父父、子子"用法相同。

文本大意 齐景公问孔子如何治理国家。孔子说："做君主的要像君主的样子，做臣子的要像臣子的样子，做父亲的要像父亲的样子，做儿子的要像儿子的样子。"齐景公说："讲得好呀! 如果君不像君，臣不像臣，父不像父，子不像子，虽然有粮食，我能吃得上吗?"

子路宿于石门。晨门曰："奚自①?"子路曰："自孔氏。"曰："是知其不可而为之者与?"（《论语·宪问》）

①奚自："自奚"的倒装，从哪里来。奚：何，哪里。

文本大意 子路夜里住在石门，看门的人问："你从哪里来?"子路说："从孔子那里来。"看门的人说："就是那个明知做不到却还要去做的人吗?"

道可道，非常道。名可名，非常名。无，名天地之始；有，名万物之母。常无，欲以观其妙。常有，欲以观其徼①。此两者，同出而异名，同谓之玄，玄之又玄，众妙之门。（《老子》第一章）

①徼（jiào）：边界，此指万物的极限。

文本大意 可以说出来的道（规律法则），并非永恒之道（规律法则）。可以说清的概念，并非永恒的概念。无，可以称作天地的原始状态；有，可以称作万物的根源。所以，从永恒的"无"（回归原始状态）中可以观察宇宙的微妙之处；从永恒的"有"（从万物的根源），可以推知万物的极限。两者同出一源而名称不同，都是玄妙的道理。玄妙深奥，是探求一切奥妙的大门。

绝圣弃智，民利百倍；绝仁弃义，民复孝慈；绝巧弃利，盗贼无有。此三者以为文，不足。故令有所属：见素抱朴，少思寡欲，绝学无忧。（《老子》第十九章）

文本大意 抛弃聪明智巧，人民可以得到百倍好处；抛弃仁义，人民可以恢复孝慈天性；抛弃巧诈和货利，盗贼自然消失。将抛弃圣智、仁义、巧利这三者制定为条文，这还不够，所以还要使人们的思想有所归属，保持纯洁朴实的本性，减少私欲杂念，抛弃礼法浮文，才能免于忧患。

名言

◎儒门释户道相通，三教从来一祖风。（宋·王重阳）

◎宰官行世间法，沙门行出世间法，世间即出世间，等无有二。（宋·南华长老）

◎孔老异门，儒释分宫，又于其间，禅律交攻。我见大海，有此南东，江河虽殊，其至则同。（宋·苏轼）

◎以佛修心，以道养身，以儒治世。（宋·赵壵）

◎不知《春秋》，不能涉世；不精《老》《庄》，不能忘世；不参禅，不能出世。（明·憨山德清大师）

◎道不通于三教，非道也。学不通于三世，非学也。（明·袁宗道）

◎天地之间，惟此一道，初无儒、释、老庄之分也。（明·李元阳）

◎佛出世亦是入世，儒入世亦是出世。（现代·马一浮）

◎桥跨虎溪，三教三源流，三人三笑语；莲开僧舍，一花一世界，一叶一如来。（三笑亭对联）

◎ 四字词语 ◎

◎三教合一：指儒教、释教、道教三个教派的融合。

◎外儒内道：指表面是儒家的刚健进取、积极入世的人生态度，骨子里是遁世退隐、消极出世的精神。

◎外儒内法：表面上推崇儒家的重仁政、讲究伦理劝导的思想，但是实际操作上也依赖法家政治事功的思想，往往是儒法结合、儒法互济。

◎阳儒阴法：外松内紧，表面仁政、实际法治的统治策略。

◎佛心道为：做人要有佛家的慈悲觉悟之心，要有道家遵循自然规律的修为。

后记

　　"中国智慧"系列读本终于要付梓了。这套书的写成和出版实属不易。想想，应该写个后记，做些记录，以示纪念。

　　本书的撰写，首先应该感谢我的恩师陈蒲清先生。

　　1991年，我到湖南教育学院脱产进修，幸遇恩师，得以聆听先生的中国寓言史选修课。先生是湖南省古汉语学会会长，中国寓言研究会副会长，是我国寓言研究的权威。先生在寓言课上旁征博引，时有卓见。受先生启发，我开始研究中国古代寓言繁荣的文化心理原因，写成《试论中国古代寓言繁荣的文化心理原因》一文。我在研究中发现，汉民族传统文化心理与寓言之间有一种同构现象，这引起我学习研究中国古代文化心理的兴趣，于是开始大量阅读文化史方面的著作、论文，大量阅读中国文化典籍，于1993年完成了近三万字的文化史论文《美神精神论——汉民族传统文化心理的新透视》。

　　先生阅后给予了充分肯定，并要我投到《中国社会科学》，当时我想，一个中学语文老师，不务正业搞文化史研究，怎敢将自己的习作投到中国文科的顶级综合期刊呢？后来，在先生和几位教授的联合推荐下，该文得以在《湖南教育学院学报》1993年第4期用17个版面全文登载。文章发表后，《新华文摘》将其收入到"报刊文章篇目辑览"，中国人民大学报刊复印资料中心《文化研究》和《心理学》同时收录。先生在修订他的寓言史名著《中国古代寓言史》时，还补写了一小节《寓言与民族思维特点》，来分析中国古代寓言与民族思维的关系。

　　先生的提携和鼓励让我有了进一步学习研究中国文化史的胆量。自那以后，我一直想写一本这方面的书，做些文化史方面的普及推广工作。无奈作为一名高中一线语文教师，繁重的教学教研加上诸多的学校文字材料工作让我一直无暇顾及。

直到2014年，我的工作室团队研究重构高中语文课程课题，其中涉及国学课程的建设问题，写书一事才又被提上日程。2015年我开始收集材料，2016年初开始选择一些古代文化典籍，进行译注和导读，2016年暑假开始编辑《中国文化52个关键词原典导读》(三卷本)，与此同时撰写"中国智慧"这套书。这年暑假我完成不到三分之一，不料突遇恶疾，住院手术，胃切五分之四，然后是持续半年边化疗边上班，导致写作时断时续，直至2018年国庆才完成初稿。

这套书得以完成，要感谢知识出版社姜钦云先生。本书还在构思与写作的起始阶段，姜先生就拟将本书列入他们的出版计划。后来在具体的写作过程中，姜先生和他的团队提出了许多宝贵的建议。

本书一些观点受到现当代不少学者直接或间接的启发，但由于本书主要属于普及性读物，这些启发难以一一具体标明，在此，只能一并致谢。

本书的完成，还要感谢《语文报》和《深圳青少年报》的编辑们。《语文报》的编辑们看了本书的部分样稿之后，特地开设了《胡老师讲国学》专栏，将本书用极简版的形式连载了48期，好评如潮，该栏目还被评为"最佳年度栏目"。随后《深圳青少年报》计划用两年的时间，以适合初中生的通俗版的形式予以连载，迄今已连载20多期，反响良好。这两份报纸以不同的形式连载并大受欢迎，让我看到了我的所谓"观念国学"的价值和意义。

这套书得以完成，更要感谢那些在我生病之后，用各种方式向我表达慰问的亲人、朋友和同事。是他们让我懂得人间有爱，而真正的爱，就是在你需要爱的时候，她就出现了。许多一面之缘的朋友，平时几乎没有联系，可一听说我生病，也都通过某种方式给我问候。是亲人朋友的关怀，给了我战胜疾病的勇气和信心，给了我完成这套书的决心。

这套书得以完成，尤其要感谢我的妻子彭凤林女士。

妻子几十年如一日全心全意照料我的生活，为我的教学教研提供方便，提供帮助。平时我戏称她为我的"专职校对"，因为我发表前的文字，只有经过她的"审阅"，我才会寄出去，凡经过她的校对，差错率极低。早年为了帮我打字，她苦练五笔字打字技术，拆解了《现代汉语词典》收录的所有汉字，成了打字高手。在我生病后住院期间，她昼夜细心陪护自不必说，在我出院后又每日调配营养餐，都要忙到很晚。为了提高我的免疫力，她经常赴香港购买相应药品。我每周要去医院两次，注射提高免疫力的药物，为了减少我的劳顿，她便练习注射技术，每周两次开车赴医院帮我排队取药，为我节省了很多时间。因为病后体弱，加上写作疲劳，我经常浑身酸痛，颈椎发硬，难以入睡，她便帮我按摩，直到我入睡。

正是她这种全身心的照料，让我不敢消沉，不敢悲观，不敢不坚强。是她让我深感我的生命不仅仅属于我自己，也属于我的妻子、我的亲人和朋友，也属于社会。我应该好好活着，为我的妻子，为我的亲人和朋友，为这个社会。我应该为大家做一些有意义的事情。也正是她的悉心照料，给我腾出了很多时间，可以专注于这套书的写作。尤其是她时不时递来的一只苹果，一杯牛奶，或者一杯姜盐茶，更让我感受到了写作过程的快乐。

如果我健康，我的所有成果，都有我妻子的一半功劳；可在我重病之后还能完成这套书的写作，绝大部分的功劳应该属于我的妻子。

胡立根

2019年5月13日于深圳羊台山